Phonics Listening

The Rules of English Letters and Sounds

フォニックス
英語
リスニング

Jumique Imai

ジュミック今井

著

クロスメディア・ランゲージ

はじめに―フォニックスを学ぶことでリスニング力が UP ！

▶ ①発音とリスニングの相関性

　フォニックスは英語のつづり字と音のルールを示した学習法で、英語圏では児童の識字率を上げるために用いられています。一方、日本人の成人英語学習者にとってのフォニックスは、発音矯正ツールとしてたいへん有用であると私は考えています。子どもにとってフォニックスは読み書きに最適、大人にとっては発音練習に最適というわけです。さて、話は変わりますが、先日友人と英語学習話に花を咲かせていたとき、彼女の口から次のセリフが出てきたのをはっきりと覚えています。

　『正しい発音を覚えないと、リスニングはできないんですね。てっきり自分は英語を聞き取る能力がないと思っていました』

　実際のところ、多くの学習者さんは聞き取る能力がないと感じているようです。しかしながら、母語である日本語が聞き取れるのならば、**能力にではなく聞き取り方に問題がある**のではないでしょうか。また、最も身近な発音はご自身の発音ですよね。つまり、自分の音だけを頼りに聞き取らなくてはならないわけですから、皆さんとネイティブスピーカーとの間に音の違いがあればあるほど、聞き取りは難しくなっていきます。ですから、まず発音力を磨きましょう。発音が良くなり、皆さんの耳が英語の音を難なく拾ってくれるようになったらしめたもの。発音とリスニングの２つのスキルが一度に手に入ります。なお、本編ではフォニックスを主軸に、英語の音を「単語」「語句」「文」という３つのグループに分け、実際にどのように聞こえるのかを法則でお見せします。この１冊でしっかり学べば、英語リスニング力は格段に良くなること間違いなしです。

> 言えない単語は聞き取れない。
> だからこそ、フォニックスで発音力を鍛えよう。

▶ ②精聴と多聴のコンビネーション

　「英語の聞き取りを攻略する」と聞いて真っ先に思い浮かぶのが、たくさん聞いて耳を慣らす―ということではないでしょうか。これは多聴と呼ばれ、トップダウ

ン的な作業です。たくさん聞いて耳を英語に馴染ませるというのは、目標言語と友だちになる（つまり親和性を持つ）という点において、とても有効な方法ですが、私がこの本で提唱したいのは、それとはむしろ対極にあるとも言えるボトムアップ学習法です。ボトムアップは細かいところに目を配り、リスニングに関して言えば「子音」や「母音」の聞き取りから始まり、最終的には「文」に向かって学びを突き上げていくやり方です。会話のようなかたまりも元を辿ればすべてミクロな音素によって構成されており、小さな音が聞けない人は結局のところ、かたまりを聞き取ることはできません。つまり、**リスニングの向上には多聴だけでは不十分で、小さな音を細かく聞き取る精聴アプローチの併用が不可欠なのです。**

　なお、本書のユニークな点は、**つづり字そのものが音声を表す素材となるため、学習者側の負担をぐんと軽くすることに成功している**という点です。もともと、フォニックスは英語圏の児童の識字率を高めるためのものとお話ししましたが、aw や oi などつづり字の音（読み方）を知っていれば、もはや発音確認のために辞書を引かなくて済みます。英語を外国語とする学習者にとって、**フォニックスは音の黄金律、オールインワン教材**なのです。まずは小さな音から取り組みを始めましょう。着実に足元を固めていくことで、英語は必ず聞き取れるようになります。リスニングの攻略は、逆三角ピラミッドの頂上に向かうタイムトライアル。精聴と多聴のループを首尾よくこなしながら、フォニックスを伴走者とし、一歩一歩、焦らずに階段を登り進めていきましょう。

> リスニング力は、
> 精聴と多聴の両方を取り入れたとき、効率良く伸びる。

▶ ボトムアップとトップダウン

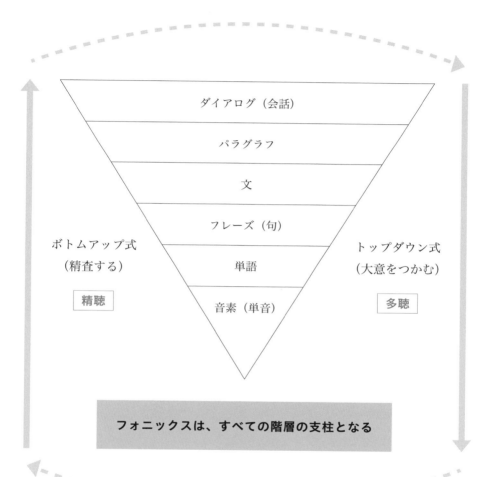

ボトムアップ式
（精査する）

精聴

ダイアログ（会話）

パラグラフ

文

フレーズ（句）

単語

音素（単音）

トップダウン式
（大意をつかむ）

多聴

フォニックスは、すべての階層の支柱となる

ボトムアップとトップダウンの階層を回ることで
リスニング力の底上げを行うのが本書の目的です。

Contents

はじめに—フォニックスを学ぶことでリスニング力がUP！ 3

本書の構成と使い方 9

音声データの無料ダウンロード 10

本書に登場する音の種類 11

Chapter 1 │ 単語のリスニング　母音と子音

Lesson 01　基礎編
リスニングに役立つ！　絶対に知っておくべきフォニックスの法則

.... 18

絶対に知っておくべきフォニックスの法則①　1字つづりの母音 21

　コラム　弱い母音 25

　コラム　a, o, uの音の違い 26

絶対に知っておくべきフォニックスの法則②　1字つづりの子音 27

　コラム　Lの音の種類 34

絶対に知っておくべきフォニックスの法則③　2字つづりの子音 36

絶対に知っておくべきフォニックスの法則④　サイレントE 41

絶対に知っておくべきフォニックスの法則⑤　母音ペア① 45

絶対に知っておくべきフォニックスの法則⑥　母音ペア② 49

絶対に知っておくべきフォニックスの法則⑦　子音混合音 53

絶対に知っておくべきフォニックスの法則⑧　rつきの母音 68

Lesson 02　応用編
リスニングに役立つ！　知っておきたいフォニックスの法則

.... 73

知っておきたいフォニックスの法則①　母音字が1つのとき 73

知っておきたいフォニックスの法則②　複数の子音字が続くとき 80

知っておきたいフォニックスの法則③　語尾が「無声・有声」の対のとき 87

知っておきたいフォニックスの法則④　「同じ子音字」が連続するとき 102

知っておきたいフォニックスの法則⑤　「母音字＋子音字の重なり」のとき 106

Chapter 2 │ 語句のリスニング　音声変化

Lesson 01　脱落
音が落ちる現象

.... 121

　コラム　リスニング力アップには「+1」がベスト 122

脱落のルール①　破裂音＋破裂音 123

脱落のルール②　破裂音＋摩擦音 130

脱落のルール③　破裂音＋破擦音 136

脱落のルール④　破裂音＋鼻音 142

脱落のルール⑤　破裂音＋/l/ 148

Lesson 02　連結
語と語の間で、音がくっつく現象 154

連結のルール①　破裂音＋母音 156

連結のルール②　摩擦音＋母音 162

連結のルール③　破擦音＋母音 169

連結のルール④　鼻音＋母音 173

連結のルール⑤　/l/＋母音 177

連結のルール⑥　/r/＋母音 181

Lesson 03　同化
本来とは違う音に変わる 185

同化のルール①　融合型　/s/と/j/ 187

同化のルール②　融合型　/z/と/j/ 191

同化のルール③　融合型　/t/と/j/ 195

同化のルール④　融合型　/d/と/j/ 199

同化のルール⑤　スライド型　/s/と/ʃ/ 203

同化のルール⑥　スライド型　/z/と/ʃ/ 207

Lesson 04　短縮
複数の単語がまとまり、音が簡略化される 211

短縮のルール①　're型 213

短縮のルール②　's型 216

短縮のルール③　'd型 220

短縮のルール④　've型 224

短縮のルール⑤　'll型 228

Lesson 05　弱形
音が短く弱く発音される 232

弱形のルール①　冠詞と不定形容詞 237

弱形のルール②　人称代名詞 243

弱形のルール③　be動詞、have、doやdoes 252

弱形のルール④　助動詞 260

弱形のルール⑤　接続詞 266

弱形のルール⑥　前置詞 272

Chapter 3 ｜ 文のリスニング　リズム

リズムのルール①　強いアクセントが1個の文 286

リズムのルール②　強いアクセントが2個の文 290

リズムのルール③　強いアクセントが3個の文 294

リズムのルール④　強いアクセントが4個の文 298

リズムのルール⑤　強いアクセントが5個の文 302

リズムのルール⑥　強いアクセントが6個の文 306

　コラム　精聴と音読のススメ 310

Chapter 4 ｜ 総まとめ　ディクテーション

(1) 近況について 313

(2) 語学留学 314

(3) 帰国 315

(4) 赴任先で 316

(5) ビールの話 317

(6) 上司と食事 318

(7) スーツ 319

(8) フライト時間 320

(9) ゲート変更 321

(10) 着陸態勢 322

(11) 新入社員 323

(12) 地図アプリの使い方 324

(13) レストランでの注文 325

(14) 結婚記念日 326

(15) 仕事の終わりに 327

(16) ペットについて 328

(17) 読書クラブ 329

(18) 古着の寄付 330

(19) コピー機 331

(20) 最高の伴侶 332

　コラム　楽しく努力、英語と仲良く！ 333

INDEX 334

Chapter 1　単語のリスニング　母音と子音

リスニングに役立つフォニックスの法則

Chapter 2　語句のリスニング　音声変化

英語を聞き取り理解するための「音の法則」

Chapter 3　文のリスニング　リズム

英文アクセントの強弱を耳になじませる

Chapter 4　総まとめ　ディクテーション

ネイティブスピードの会話を書き取るエクササイズ

▶ 本書は、「単語のリスニング」から始まり、「語句のリスニング」、「文のリスニング」について学んでいく3部構成です。そして最後の総まとめでは、ネイティブ同士のスピーディな会話を聞きながらディクテーションを行います。

　まず Chapter 1 では、母音と子音という小さな音の聞き取りを行い、しっかりと基礎力を養います。会話文も元を辿れば小さな音に戻っていきます。つまり、基礎の基礎である母音と子音を学ぶことは、ひいては英会話の聞き取りにも大いに役立ちます。

　Chapter 2 は、語句やフレーズを使った聞き取りです。ここでは5つの音声変化＜脱落・連結・同化・短縮・弱形＞が登場しますが、"何が聞き取れて、何が聞き取れないのか"をきちんと把握することが大切です。

　Chapter 3 では文のリスニングと題し、短文から長文までの聞き取りを行います。まずは英語と日本語のリズムの違いをしっかりと理解しましょう。本編には日常会話で使われている英文が多数収録されていますので、耳を英語の響きに馴染ませましょう。

　そして、最後の Chapter 4 は総まとめとしてネイティブスピーカーの会話の聞

き取りです。日常会話に近いスピードで話されているので、最初は難しく感じるかもしれませんが、心配せずに取り組みましょう。耳が慣れてくればしめたもの。ひとたび聞き取りができるようになれば、耳はその音を忘れません。自然なスピードの英文に耳を傾け、繰り返しトレーニングを行いましょう。

▶ 音声収録はナレーターのキャロリン・ミラーさんとジョシュ・ケラーさんにご協力いただきました。ネイティブスピーカーのナチュラルな発音に耳を傾け、リズムの流れに乗って英文を聞き取ってみましょう。また、ナレーターの後について音読をすることで、リスニング力の向上のみならず、きれいな発音も身につきます。まさに一挙両得です。

▶ この本ではカタカナを用い、音の聞こえ方をできるだけ近いかたちで表記していますが、必ずしも完全一致とは限りません。カタカナは有用ではありますが、あくまで便宜的なツールとしてお考えいただき、何よりご自身の「耳」を頼りに音と向き合ってみてください。

▶ 音声データの無料ダウンロード

　本書『フォニックス英語リスニング』に対応した音声ファイル（mp3 ファイル）を下記 URL から無料でダウンロードすることができます。ZIP 形式の圧縮ファイルです。

https://www.cm-language.co.jp/books/phonicslistening/

　本文で登場する音や語句、トレーニングの音声が収録されています。Chapter 1 ～ 3 は聞き取りやすく練習しやすいスピードのナレーションで、Chapter 4 の総まとめはナチュラルなスピードで読まれています。アメリカ英語のナレーションです。

ダウンロードした音声ファイル（mp3）は、iTunes 等の mp3 再生ソフトやハードウエアに取り込んでご利用ください。ファイルのご利用方法や、取込方法や再生方法については、出版社、著者、販売会社、書店ではお答えできかねますので、各種ソフトウエアや製品に付属するマニュアル等をご確認ください。
音声ファイル（mp3）は、『フォニックス英語リスニング』の理解を深めるために用意したものです。それ以外の目的でのご利用は一切できませんのでご了承ください。

▶ Chapter 1　単語のリスニング〜母音と子音

このチャプターに出てくる用語の一覧です。

● かたい C とやわらかい C （➡ p. 28）

c のつづり字には 2 つの音があります。たいていの場合、c の後に o, a, u が続く
とかたい C に、e, i, y が続くとやわらかい C になります。

	つづり字	発音記号	単語
かたい C	c	/k/	cap （野球帽）
やわらかい C		/s/	city （市）

● かたい G とやわらかい G （➡ pp. 28–29）

g のつづり字には 2 つの音があります。たいていの場合、g の後に o, a, u が続く
とかたい G に、e, i, y が続くとやわらかい G になります。

	つづり字	発音記号	単語
かたい G	g	/g/	game （ゲーム）
やわらかい G		/dʒ/	gym （ジム）

● 明るい L と暗い L （➡ p. 34）

l には 2 種類の音があり、lip のように語頭の l は明るい L、bell のように語尾の
L は暗い L と呼ばれています。明るい L は舌先を歯茎にあてて「ル」、暗い L は歯茎
のそばに舌先を近づけて「ゥ」と発音しますが、若干「ォ」も含みます。

	つづり字	発音記号	単語
明るいL	1	/l/	lemon（レモン）
暗いL			sell（売る）

● **有音のT**（➡ p. 34）

　アメリカ英語に顕著な音の特徴で、better が「ベラァ」のように t が「ラ」と響きます。t が強い母音と弱い母音の間にはさまれたときに起きる音声変化ですが、hotel のように t の後に強い母音が続く単語は、このルールに当てはまりません。

	つづり字	発音記号	単語
有音のT	t	/t/	water（水）
			party（パーティー）

● **弱い母音 ①**（➡ p. 25）

　a, e, i, o, u には弱い音があり、発音記号では /ə/ で表します。それぞれのフォニックス読みを弱くした音で、全体的にくぐもった響きを持っています。なお、ou のつづり字が弱音節に来るときも /ə/ と発音します。

	つづり字	発音記号	単語
弱母音 ①	a, e, i, o, u, ou	/ə/	sofa（ソファー）
			moment（瞬間）

● 弱い母音 ② （→ p. 25）

ey や y のつづり字にも弱い音があり、発音記号は /i/ で表します。money や city のように、主として単語の終わりに現れます。

	つづり字	発音記号	単語
弱母音 ②	ey, y	/i/	honey （ハチミツ）
			story （物語）

▶ Chapter 2　語句のリスニング〜音声変化

Chapter 2 の音声変化では、いろいろな音の種類が登場しますが、その中でも特に重要なのが、破裂音、摩擦音、破擦音、鼻音の4つです。

（1）破裂音 （→ p. 123）

破裂音は口の中の一部を閉じて音を作ることから閉鎖音とも呼ばれています。次の6つが破裂音ですが、どれも音を伸ばし続けることができません。なお、発音する際、風船がパン！と割れたような音になります。

破裂音								
	ペア		ペア				ペア	
つづり字	p	b	c	k	ck	g	t	d
発音記号	/p/	/b/	/k/			/g/	/t/	/d/
特徴	・長さを保てない、瞬間的な音。 ・閉鎖音とも言う。 ・語尾に来ると本来の音は姿を消し、「ッ」のような響きになる。							

（2）摩擦音（➡ p. 130）

　英語の摩擦音は全部で9つあり、h以外はペアの音です。破裂音に摩擦音が続くと破裂音は「ッ」になります。摩擦音はその名の示す通り、衣擦れのような擦れた音色を持っています。

摩擦音								
	ペア		ペア		ペア		ペア	
つづり字	f	v	s	z	息の TH	声の TH	sh	si, su	h
発音記号	/f/	/v/	/s/	/z/	/θ/	/ð/	/ʃ/	/ʒ/	/h/
特徴	・息が続く限り、音を伸ばすことができる。 ・擦れたような音色。 ・/h/は単独で音が落ちることがある。 ・/ʒ/はほとんどの場合、語中または語尾に現れる。								

（3）破擦音（➡ p. 136）

　読んで字の如く「破裂」と「摩擦」の両方の特徴を備えた音です。破擦音は擦れたような音色を持ちつつも、音を伸ばし続けることができません。trとdrも破擦音のグループに入れてありますが、この2つはカタカナ英語の音とはまったく違う響きを持っています。

破擦音				
	ペア			
つづり字	ch	j, やわらかいG	tr	dr
発音記号	/tʃ/	/dʒ/	/tr/ = /tʃ + r/	/dr/ = /dʒ + r/
特徴	・破裂音と摩擦音の両方の特徴を備えている。 ・擦れたような音色を持つ一方、音の保持ができない。		・音の化学変化が起き、破擦音のように響く。	

（4）鼻音（→ p. 142）

　鼻音は鼻から声が抜ける音です。ハミングをイメージするとわかりやすいと思います。m と n の音は「ム」と「ヌ」ですが、語中や語尾では「ン」に聞こえることがあります。

鼻音			
つづり字	m	n	ng
発音記号	/m/	/n/	/ŋ/
特徴	・声が鼻に抜ける。 ・m と n は「ム」「ヌ」の他に、語中や語尾では「ン」になることがある。 ・ng のつづり字は 2 字 1 音。 ・ng のつづり字は語頭には現れない。		

1

単語のリスニング

母音と子音

Mission

フォニックスを使って、英語を聞き取る耳を養おう！

　ガチガチに凝り固まった耳をほぐそう。子どもの頃はどんな音でもキャッチできる万能アンテナが頭の上に立っていたのに、日本語が母語化されるにつれ、すっかり折り畳まれてしまった…。んー、何とももったいないではありませんか。さあ、リスニングの基礎の基礎である「母音と子音」を学び、休眠中のアンテナを立ち上げ直しましょう。

　英会話、スピーチ、案内文など何でもそうですが、音を細分化していくと小さな音素の集合体に戻ってきます。英語を聞き取れるようになるためのスタート地点は、何といっても**母音と子音を理解する**ことから。英語という名の大海原で航海を成功させるためには、日本語の耳を英語用にカスタマイズすることが必要なのです。

　Chapter 1 は母音と子音の攻略ですが、まずは学習の要となるフォニックスについてお話をいたしましょう。

Lesson 01

基礎編

リスニングに役立つ！
絶対に知っておくべきフォニックスの法則

▶ フォニックスって何？

　フォニックスは、英語を母国語とする子どもたちが学ぶつづり字と発音の関係を示した学習法です。英語圏の子どもたちはフォニックスを通して読み書きを習得していきますが、フォニックスのルールを用いれば7割近くの単語が読めるようになります。なお、つづり字の読み方には例外もありますが、それでもかなりの数の英単語を自動的に読めるというメリットを考慮すれば、フォニックスの有用性は十分におわかりいただけると思います。

　さて、フォニックスの基本的なルールは次の通りです。
- 1字つづりの母音
- 1字つづりの子音
- 2字つづりの子音
- サイレントE
- 母音ペア①
- 母音ペア②
- 子音混合音（※ 子音ブレンド音とも言います）
- Rつきの母音

　フォニックスの法則を理解する上で何よりも大切なのは、つづり字には「フォニックス読み」と「アルファベット読み」の2種類があるということです。

▶ アルファベットには2つの顔がある

　学生時代に習ったABCの読み方は「エィ」「ビー」「スィー」でしたが、これはアルファベット読みというもので、フォニックス読みでは「ア」「ブ」「ク」です。

そうです、1つのアルファベットに2つの読み方が存在し、**アルファベット読みは文字の名前（外見）を、フォニックス読みは文字の音（内面）をそれぞれ音声的に符号化したもの**なのです。実際、単語の中では多くの文字がフォニックス読みになりますので、フォニックス読みは絶対に知っておくべき法則と言えるでしょう。

　次に、フォニックスのルールについて説明をしますね。bag の文字をアルファベット読みで読んでみるとビー、エィ、ジーですが、いくら音をつなげてみたところで"バッグ"にはなりません。そこで今度は b, a, g をフォニックス読みで読んでみることにします。b は「ブ」、a は「ア」、g は「グ」ですので、3つの音をつなげれば"bag＝バッグ"になります。これこそがフォニックスの基本的な考え方で、**パーツとしてのつづり字が単語の読み方を作る**のです。では cake の場合はどうでしょうか。どうやらスィー、エィ、ケィ、イーではなさそうです。cake は「サイレント E」が適用になるのですが、これは単語の終わりに e が来ると直前の母音字はアルファベット読みになり、かつ語尾の e は読まないというルールで、実は cake はそれに則った単語なのです。このように cake の文字を読んでいくと、c は「ク」、a は「エィ」、k は「ク」になります。どうですか、つなげるとちゃんと「ケィク」になりますね。つまり、サイレント E のおかげで（?）cake は"カケ"にはならないというわけです。

フォニックスのルール

● 各文字のフォニックス読み

ブ　ア　グ

b a g ➡ ブアグ、ブアグ…**「バッグ」**

⎯⎯⎯⎯⎯➤
つなげる

● サイレント E

ク　エィ　ク　×

c a k e ➡ クエィク、クエィク…**「ケィク」**

⎯⎯⎯⎯⎯➤
つなげる

※黒：子音字　赤：母音字

▶「アルファベット読み」と「フォニックス読み」を聞いてみよう

　アルファベットは全部で 26 文字。そのうち母音字は 5 個、子音字は 21 個です。
※「アルファベット読み」→「フォニックス読み」の順に読まれます。

◉ Track **001**

A B C D E F G H I J K L M N O
P Q R S T U V W X Y Z

※母音字は赤、子音字は黒で示しています。

※アルファベット読みの注意点
　カタカナ読みでは A は「エー」、O は「オー」といったように音が伸びてしまいますが、英語ではどちらも二重母音ですので、前者は「エィ」、後者は「オゥ」です。同様に子音字の K も「ケー」ではなく「ケィ」です。ちなみに、Z には「ズィー」の他に「ゼッド」という読み方もあります。（「ゼット」ではありませんので、お間違えのないよう！）

1字つづりの母音

母音字（a, e, i, o, u）をフォニックス読みする

　英語のつづり字には2つの読み方があり、1つは文字の名前を読む「アルファベット読み」、もう1つは文字の音を読む「フォニックス読み」ですが、**単語の中ではたいていの場合、つづり字はフォニックス読みとなります。**a, o, u の音をカタカナで表すといずれも「ア」ですが、これはあくまでも便宜的な表記ですので、それぞれ異なった音色を備えています。英語の母音は実に20個以上もあり、日本人にとってはリスニングの難所とも言えますが、「習うより慣れよ」の精神で繰り返し音を聞き、耳を慣らしていきましょう。

Track **002**

	つづり字	発音記号	カナ	発音の仕方	聞き取りのコツ	単語
1	a	/æ/	ア	口の端を引き、笑顔でにっこり「エ」の口で「ア」。	「エ」と「ア」の中間の音ですが、どちらかと言うと「ア」のほうが強く響きます。 aのフォニックス読み	cap（野球帽）
2	e	/e/	エ	口の端を引き「エ」。	日本語の「エ」に近いので、比較的聞き取りやすい音と言えるでしょう。 eのフォニックス読み	help（手伝う）

3	i	/ɪ/	イ	eと同様に、口の端を引いて「イ」。	やや「エ」の音色も残ります。iのフォニックス読み	fit（合う）
4	o	/ɑ/	ア	指2本分、口を縦に開けて「ア」。	「ア」と「オ」を足して割ったような音です。oのフォニックス読み	hot（暑い）
5	u	/ʌ/	ア	口をあまり開けずに喉奥から強く「ア」。	忘れ物をしたときの「あ!」に似ています。uのフォニックス読み	drum（ドラム）

リスニング・トレーニング

ステップ 1 発音エクササイズ Track 003

あとについて発音しましょう。

a e i o u

ステップ 2 フォニックスの聞き取りクイズ Track 004

聞こえたつづり字を（　　）に書きましょう。

1. (　　　) 　2. (　　　) 　3. (　　　) 　4. (　　　) 　5. (　　　)

答え

1. e 　　　　　　　　　　2. o 　　　　　　　　　　3. u
4. a 　　　　　　　　　　5. i

ステップ 3 単語の聞き取りクイズ Track 005

聞こえたつづり字を選択肢の中から選び（　　）に記入し、単語を完成させましょう。

a e i o u

1. c (　　　) p 　　　　　　　2. f (　　　) st
3. j (　　　) g 　　　　　　　4. f (　　　) n
5. s (　　　) t

1. c (u) p （カップ）

2. f (i) st （拳）

3. j (o) g （ジョギングする）

4. f (a) n （扇風機、［有名人などの］ファン）

5. s (e) t （セットする）

弱い母音　　　　　　　　　　　　　　　 🔘 Track **006**

① 弱く読む1字つづりの母音

　a, e, i, o, u のつづり字には弱い音があり、発音記号ではどれも /ə/ で表します。それぞれのフォニックス読みを弱くした音ですが、口をあまり開けずに発音しますので、全体的にくぐもった響きを持っています。なお、ou のつづり字にも弱い音があり、u のフォニックス読み「ア」を弱く言います。

1. sofa　（ソファー）
3. April　（4月）
5. album　（アルバム）

2. moment　（瞬間）
4. melon　（メロン）
6. famous　（有名な）

② 弱い i になる ey, y

　ey や y のつづり字には弱い音があり、発音記号は /i/ で表します。money や city のように、主として単語の終わりに現れます。

1. chimney（煙突）
3. money（お金）
5. marry（結婚する）

2. honey（ハチミツ）
4. city（街）
6. story（物語）

　1字つづりの母音には "ア" らしき音が3つもあり、これをどうやって判別すればよいのか…とお思いかもしれませんので、聞き取りのヒントをお教えしますね。

① 　o と u の類似点は「ア」の音色を備えていること。相違点は o のほうが音が伸び（そして明るく）、u は短めに（やや暗く）響きます。
　　（例）hot（暑い）と hut（小屋）

② 　a と o の類似点はどちらもやや長め。相違点は a は「エ」の音色を、o は「オ」の音色を備えています。
　　（例）hat（帽子）と hot（暑い）

③ 　a と u の類似点は共に「ア」の音色を持っていること。相違点は a は「エ」の音色を持ち、u は日本語の「ア」に似ています。
　　（例）hat（帽子）と hut（小屋）

長さと音色

o（オ寄り）＞ a（エ寄り）＞ u（日本語のアに近い）

長め　　　　　　　　　　　　　　　　短め

　なお、音色はつづり字の位置や話者のクセ、地域性によって微妙に変わることがありますので、あくまで1つの目安としてとらえてくださいね。

1字つづりの子音

子音字をフォニックス読みする

　1字つづりの母音と同様に、たいていの場合、**子音字も単語の中ではフォニックス読みになります**。pは /p/、bは /b/ といったように、子音字は発音記号の"見た目"とかぶっているものが多いため、つづり字から音を類推することが可能です。では、まずは下記の一覧表に目を通してみてください。「あれ、アルファベット順に文字が並んでいないのはなぜ？？」と不思議に思った方もいらっしゃるかもしれませんね。実はこの配列にはれっきとした理由があるのです。例えばpの次にはbが来ていますが、pとbは同じ口のかたちで作る無声音と有声音の「対の音」なのです。子音にはこのような組み合わせが多数あり、ばらばらで学ぶよりもセットで学んだほうが効率が良いのです。英米のフォニックスの教科書でも、このような表記が一般的です。

※表の見方
・ペアの音のとき、上段は無声音、下段は有声音です。

● Track **008**

	つづり字	発音記号	カナ	発音の仕方	聞き取りのコツ	単語
1	p	/p/	プ	閉じた唇を一気に開く。	風船がパン！と割れたようなインパクトを持った音です。 ペアの音	pen（ペン）
2	b	/b/	ブ			big（大きい）

3	かたい C	/k/	クッ	舌の後ろを喉奥につけてから離す。	喉の奥に舌の後ろがあたるため、やや絞り出したような響きがあります。 ペアの音	cup （カップ）
	k					keep （保つ）
4	かたい G	/g/	グッ			gum （ガム）
5	t	/t/	トッ	舌先を歯茎にあててから離す。	日本語の「タ行」「ダ行」よりも鋭さを持っています。 ペアの音	top （最上部）
6	d	/d/	ドッ			dog （犬）
7	s	/s/	ス	舌先を歯茎に近づける。	sの音は、語尾では息が長めに伸びることがあります。たいていの場合、やわらかいCは、e, i, yの文字の前に来ます。 ペアの音	sun （太陽）
	やわらかいC					cent （セント）
8	z	/z/	ズ			zip （ファスナーを開ける）
9	f	/f/	フ	前歯を下の唇にそっとあてる。	fはhと、vはbと音が似ているので聞き取りには注意が必要です。 ペアの音	fix （修理する）
10	v	/v/	ヴ			vase （花びん）
11	h	/h/	ハ	喉の奥から息をたくさん出す。	息の放出が多いので、そこが聞き取りのポイントとなります。	hand （手）

12	j / やわらかいG	/dʒ/	ジ	舌先を歯茎にあててから離す。	日本語の「ジ」によく似た音です。たいていの場合、やわらかい G は、e, i, y の文字の前に来ます。dge の dg も同じ音です。	jog（ジョギングする） gym（ジム）
13	m	/m/	（ン）ム	閉じた唇を開き鼻から声を出す。	ゆっくりだと「ンム」。語中や語尾では「ン」に聞こえることがあります。	mug（マグカップ）
14	n	/n/	（ン）ヌ	舌先を歯茎にあて（このとき唇が少し開く）、鼻から声を抜かす。	ゆっくりだと「ンヌ」。語中や語尾では「ン」に聞こえることがあります。	net（ネット）
15	l	/l/	ル	舌先を歯茎にあててから離す。	特に語頭では、明るく高めの「ル」に響きます。	leg（足）
16	r	/r/	ウルッ	唇をすぼめて、舌先を口の中の天井に向ける。	lと比較すると、rのほうはくぐもった暗めの音色を持っています。	ring（指輪）
17	qu	/kw/	クゥッ	/k/と/w/がくっついた2字2音。	quizは日本語では「クイズ」と発音しますが、英語では「クゥイズ」のように小さな「ゥ」が入ります。	quit（やめる）

18	x	/ks/	クス	/k/と/s/がくっついた1字2音。	無声子音の/k/と/s/がくっついた鋭い音です。なお、xのつづり字はほとんどの場合において語中、語尾に現れます。	six（6）
19	w	/w/	ウッ	唇をタコのように突き出す。	息がたくさん出る音です。口の前に手のひらを近づけて「ウッ」と言うと、息の流れを感じます。	west（西）
20	y	/j/	ィヤ	舌先を下の歯の裏側にあてる。	日本語の嫌（イヤ）に似た音色です。	yes（はい）

リスニング・トレーニング

ステップ1 発音エクササイズ

 Track **009**

あとについて発音しましょう。なお、[　　]は同じ読み方のつづり字です。

p　b　[かたいC, k]　かたいG　t　d　[s, やわらかいC]　z　f　v　h

[j, やわらかいG]　m　n　l　r　qu　x　w　y

ステップ2 フォニックスの聞き取りクイズ

 Track **010**

聞こえたつづり字を（　　）に書きましょう。*の箇所には、同じ音の異なるつづり字がそれぞれ入ります。

1.（　　　）（　　　）　　　　　2.（　　　）（　　　）

3.（　　　）（　　　）　　　　　4.（*　　）（*　　）（　　　）

5.（　　　）（　　　）　　　　　6.（　　　）（*　　）（*　　）

7.（　　　）（　　　）　　　　　8.（　　　）（*　　）（*　　）

9.（　　　）（　　　）　　　　　10.（　　　）（　　　）

答え

1. n, m

2. r, l

3. v, f

4. *（かたい）C, *k ,（かたい）G

5. qu, x

6. z, *s, *（やわらかい）C

7. p, b

8. h, *j, *（やわらかい）G

9. t, d

10. y, w

聞こえたつづり字を選択肢の中から選び（　　）に記入し、単語を完成させましょう。

---

p　b（かたい）**c　k**（かたい）**g　t　d　s**（やわらかい）**c**
z　f　v　h　j（やわらかい）**g　m　n　l　r　qu　x　w　y**

---

1. (　　　) oo

2. (　　　) in

3. (　　　) ack

4. si (　　　)

5. (　　　) est

6. (　　　) ime

7. (　　　) et

8. (　　　) est

9. (　　　) ery

10. (　　　) ust

11. (　　　) en

12. (　　　) ing

13. (　　　) ine

14. (　　　) um

15. (　　　) an

16. (　　　) ool

17. (　　　) est

18. (　　　) am

19. (　　　) et

20. (　　　) ity

21. pa (　　　) e

22. (　　　) ed

23. (　　　) iz

答え

1. (z) oo（動物園）

2. (f) in（[魚の] ひれ）

3. (p) ack（[かばんに] 詰める）

4. si (x)（6）

5. (w) est（西）

6. (t) ime（時間）

7. (s) et（セットする）

8. (b) est（最も良い）

9. (v) ery（とても）

10. (d) ust（埃）

11. (y) en（円 [通貨]）

12. (k) ing（王）

13. (l) ine（線）

14. (g) um（ガム）※かたい G

15. (m) an（男性）

16. (c) ool（涼しい）※かたい C

17. (n) est（巣）

18. (h) am（ハム）

19. (j) et（ジェット機）

20. (c) ity（市）※やわらかい C

21. pa (g) e （ページ）※やわらかい G　　22. (r) ed （赤）
23. (qu) iz （小テスト）

①　明るい L と暗い L

　L には 2 種類の音があります。1 つは lemon や lip など語頭の L、もう 1 つは bell や call など語尾の L です。前者は明るい L、後者は暗い L と呼ばれています。

　＜明るい L＞
1. land（土地）　　　　　　　　2. lemon（レモン）
3. lip（唇）　　　　　　　　　　4. lock（鍵をかける）
5. luck（幸運）　　　　　　　　6. list（リスト）

　※ 1 字つづりの l の音です。舌先を歯茎にあて、スタッカートの要領で発音します。裏技としては、その名が示す通り、オクターブやや高めに "明るく" 発音すると伝わりやすい音になります。

　＜暗い L＞
1. bell（ベル、鈴）　　　　　　2. hill（丘）
3. well（上手に）　　　　　　　4. tell（伝える）
5. dull（[色などが] 冴えない）　6. call（呼ぶ）

　※歯茎のそばに舌先を近づけて「ゥ」と発音しますが、若干「ォ」も含みます。低く暗めのトーンで言ってみてください。このように、L の音は "明るさと暗さ" という大きな違いがあるのです。

②　有音の T

　有音の T はアメリカ英語に顕著な音で、water が「ワラァ」、better が「ベラァ」といった具合に t が「ラ」に似た音に変化します。t が強い母音と弱い母音にはさまれたときに起きますが、hotel のように t の後に強い母音が来る単語にはこのルールは当てはまりません。

1. water（水）
2. better（より優れた）
3. little（小さい）
4. meeting（会議）
5. hotter（hot［暑い］の比較級）
6. party（パーティー）

2字つづりの子音

2つの子音字が隣り合い、新しい音を作る

　法則②で学んだ「1字つづりの子音」の発展形です。つづり字 sh は「シュ」と発音しますが、s と h をばらばらで読むと s は「ス」、h は「ハ」です（くっつけても「シュ」にはなりませんね）。このように、**2つの文字が隣り合うことで音の化学反応が起こり、本来とはまったく異なる音を作るのがこのグループの特徴です。**なお、wh はユニークな法則を持っており、書くときは wh のままでよいのですが、音声では /hw/ のようにつづり字が入れ替わってしまいます。例えば、when は「いつ」という意味の疑問詞ですが、発音する際には "hwen" といった具合に音がひっくり返ります。ただし、h を読まない話者も多く、辞書によっては wh の発音記号を /w/ とだけ表記している場合もあります。

※表の見方
・ペアの音のとき、上段は無声音、下段は有声音です。

● Track **013**

	つづり字	発音記号	カナ	発音の仕方	聞き取りのコツ	単語
1	ch	/tʃ/	チ	舌先を歯茎につけてから離す。	舌打ちのような響きを持った息で作る音です。なお、ch は p. 29 で習った j および「やわらかい G」/dʒ/ のペアの音です。tch のつづり字も /tʃ/ と発音します。	change（変わる）

2	sh	/ʃ/	シュ	唇をタコのように突き出す。	shはsの音よりも息の放出量は多めですが、音の鋭さはsのほうが強めです。なお、/ʒ/にはフランス語のような響きがあります。ペアの音	shore （岸）
3	si	/ʒ/	ヂュ			television （テレビ）
	su					usual （いつもの）
4	息の TH	/θ/	ス	舌先を前歯で軽く噛む。	舌先を噛むことで息の放出が阻害されるため、特に語尾の「息のTH」は音がほとんど聞こえません。ペアの音	thing （こと）
5	声の TH	/ð/	ズ			their （彼らの）
6	ck	/k/	クッ	舌の付け根を喉奥にくっつけてから離す。	「かたいC」やk（p. 28）と同じ音ですが、ckは語中や語尾に現れるつづり字です。	pick （選ぶ）
7	ph	/f/	フ	前歯を下の唇にそっとあてる。	fと同じ音です。なお、/f/と発音するつづり字ghは語頭には現れません。	phonics （フォニックス）
	gh					rough （ざらざらした）
8	wh	/hw/ または /w/	ホワッ ワッ	口をすぼめ気味に、息をたくさん吐き出す。	つづり字はwhですがhwの順番で発音します。wだけを発音するネイティブも多くいます。	whale （クジラ）

9	ng	/ŋ/	ング	舌の付け根を喉奥につけ「ン」と言った後「グ」を続ける。	「ン」のほうが強めに響く2字1音の子音です。なお、nkのnも同じ音です。 (例) thank（感謝する）、pink（ピンク色）	king （王様）

リスニング・トレーニング

ステップ 1 発音エクササイズ ⬤ Track **014**

あとについて発音しましょう。なお、[　　] は同じ読み方のつづり字です。

ch　sh　[si, su]　息の TH　声の TH　ck　[ph, gh]　wh　ng

ステップ 2 フォニックスの聞き取りクイズ ⬤ Track **015**

　聞こえたつづり字を（　　）に書きましょう。* の箇所には、同じ音の異なるつづり字がそれぞれ入ります。

1. (　　　　)　　　　　　　　2. (*　　　) (*　　　　)
3. (　　　　)　　　　　　　　4. (　　　　)
5. (　　　　)　　　　　　　　6. (*　　　) (*　　　　)
7. (　　　　)　　　　　　　　8. (　　　　)
9. (　　　　)

答え

1. sh　　　　　　　　　　　　2. *ph, *gh
3. ng　　　　　　　　　　　　4. 息の TH
5. wh　　　　　　　　　　　　6. *si, *su
7. 声の TH　　　　　　　　　　8. ck
9. ch

聞こえたつづり字を選択肢の中から選び（　　）に記入し、単語を完成させましょう。

ch　sh　si　su　（息の）th　（声の）th　ck　ph　gh　wh　ng

1. sho (　　　)
2. vi (　　　) on
3. lau (　　　)
4. wi (　　　)
5. (　　　) ite
6. ca (　　　) al
7. (　　　) ink
8. (　　　) ance
9. gra (　　　)
10. (　　　) ine
11. brea (　　　) e

1. sho (ck)（ショック）
2. vi (si) on（視覚）
3. lau (gh)（笑う）
4. wi (ng)（翼）
5. (wh) ite（白）
6. ca (su) al（カジュアルな）
7. (th) ink（考える）※息の TH
8. (ch) ance（チャンス）
9. gra (ph)（グラフ）
10. (sh) ine（輝く）
11. brea (th) e（呼吸する）※声の TH

サイレント E

**語尾が「母音字＋子音字＋ e」のとき、
その母音字をアルファベット読みし、語尾の e は読まない**

　授業で取り上げると必ずと言っていいほど盛り上がるのがサイレント E の法則です。男性の名前 Tim（ティム）に e をつけたら time（時間）に変わるように、**語尾の e は直前の母音字に魔法をかけ、その文字を「アルファベット読み」にして**しまいます。そういったことから、このルールは魔法の E（magic E）とも呼ばれています。なお、Tim の i がフォニックス読みなのは、単語に母音字が 1 つしかない場合、その文字は「フォニックス読み」するというルールに基づいているからです。実を言うと、サイレント E のルールからもわかる通り、現代の英語ではほとんどの場合において語尾の e は読みません。ただし、読まないからといって e は決して不必要ではなく、つづり字の読み方のバリエーションを増やすためには絶対的に必要なのです。このように、文字と音の法則をひも解いていくことで、より深く関連性を学ぶことができます。

🔊 Track **017**

	つづり字	発音記号	カナ	発音の仕方	聞き取りのコツ	単語
1	a_e	/ei/	エィ	口の端を引き「エ」と言い、小さな「ィ」を足す。	このグループの単語は「セール」（= sale）のように、日本語では「エー」と音が伸びてしまうため、聞き取りには注意が必要です。= a のアルファベット読み	sale（販売）

2	i_e	/ai/	アィ	口を大きく開け「ア」と言い、小さな「ィ」を足す。	日本語の「愛」は「あ」と「い」が同じ強さで読まれますが、i_eは「ア」のほうが強く、「ィ」に向かって弓なりに音が下降していくイメージです。 = i のアルファベット読み	wife（妻）
3	o_e	/ou/	オゥ	唇を丸めて「オ」と言い、小さな「ゥ」を足す。	このグループの単語も「ロール」（= role）のように、日本語では「オー」と音が伸びる傾向にあります。 = o のアルファベット読み	role（役割）
4	u_e	/ju:/ または /u:/	ユーゥー	(1)「ユー」と音を伸ばす。 (2) 口をすぼめて「ウー」と発音。	どちらの読み方になるかは単語によって決まりますが、tube「(1)チューブ」「(2)トゥーブ」のように両方の読み方を持つ単語もあります。その場合、地域性や話者のクセが大きくかかわってきます。 (1) = u のアルファベット読み	cube（立方体）

5	e_e	/iː/	イー	口の端を引いて「イー」。	言い始めのとき、日本語の「い」よりもさらに強い響きを持っています。= e のアルファベット読み	Eve（イヴ［女性の名前］）

リスニング・トレーニング

ステップ 1 発音エクササイズ   ● Track **018**

あとについて発音しましょう。

a_e i_e o_e u_e e_e

ステップ 2 フォニックスの聞き取りクイズ   ● Track **019**

聞こえたつづり字を（　　）に書きましょう。

1. (　　　)   2. (　　　)   3. (　　　)
4. (　　　)   5. (　　　)

答え

1. o_e   2. i_e   3. e_e
4. a_e   5. u_e

聞こえたつづり字を選択肢の中から選び（　　）に記入し、単語を完成させましょう。

---

a_e　i_e　o_e　u_e　e_e

---

1. p (　　　) l (　　　)　　　2. w (　　　) k (　　　)
3. th (　　) m (　　)　　　4. r (　　) d (　　)
5. m (　　) n (　　　)

答え

1. p (o) l (e)（柱）　　　　2. w (a) k (e)（目を覚ます）
3. th (e) m (e)（テーマ）　　4. r (u) d (e)（無礼な）
5. m (i) n (e)（私のもの）

44

母音ペア ①

連なる母音字のうち、最初の文字をアルファベット読みする

　a, e, i, o, u と w, y のうち、どれか 2 つが連なったとき、最初の文字をアルファベット読みするグループです。「あれ、子音字の w と y があるのはなぜ？」と思った方がいるかもしれませんね。実は w と y は子音字としての機能の他、母音字のような役目も果たす働き者なのです。ただしこのルールでは w と y は機能的に存在するだけで文字自体は読みませんので、あくまでも寡黙な働き者とお考えください。ちなみに ai や ay、oa や ow のように 2 つの口のかたちで作る音を二重母音と言います。ai であれば「エ」の後に「ィ」が続きます。私たちの耳からすれば母音が 2 つ続いているように聞こえますが、**二重母音は 1 音扱いです**。カタカナで書くと「エィ」ですが、エからィに向かって弓なりに音が下降していきます。口の動きの回数にかかわらず、あくまで 1 つの音として考えましょう。

Track **021**

	つづり字	発音記号	カナ	発音の仕方	聞き取りのコツ	単語
1	ai	/ei/	エィ	口の端を引き「エ」と言い、小さな「ィ」を足す。	ai と ay の a をアルファベット読みします。	sail（航海する）
	ay					tray（トレー）
2	ie ①	/ɑi/	アィ	口を大きく開け「ア」と言い、小さな「ィ」を足す。	ie の i をアルファベット読みします。	lie（横になる）
3	ie ②	/iː/	イー	口の端を引いて「イー」。	ie の e をアルファベット読みします。	field（農地）

4	ea	/iː/	イー	口の端を引いて「イー」。	eaとeeのeをアルファベット読みします。なお、eeは同じ文字の連続ですが、下線のほうを読みます。	lead（案内する）
	ee					knee（ひざ）
5	oa	/ou/	オゥ	唇をまるめて「オ」と言い、小さな「ゥ」を足す。	oaとowのoをアルファベット読みします。	coat（コート）
	ow					crow（カラス）
6	ue	/juː/ または /uː/	ユー ウー	(1)「ユー」と音を伸ばす。 (2) 口をすぼめて「ウー」と発音。	ueとuiには2つの音があります。なお、(1) は uのアルファベット読みです。	clue（手がかり）
	ui					cruise（船旅）

ステップ 1 **発音エクササイズ** ● Track **022**

あとについて発音しましょう。なお、[　　] は同じ読み方のつづり字です。
※ ie には2つの読み方（ie と ie）があります。赤い文字をそれぞれアルファベット読みしましょう。

[ai, ay]　ie　ie　[ea, ee]　[oa, ow]　[ue, ui]

ステップ 2 フォニックスの聞き取りクイズ Track 023

　聞こえたつづり字を（　　）に書きましょう。＊の箇所には、同じ音の異なるつづり字がそれぞれ入ります。

1. (*　　　) (*　　　) (*　　　)　　2. (*　　　) (*　　　)
3. (*　　　) (*　　　)　　　　　　　4. (*　　　) (*　　　)
5. (　　　)

答え

1. *ea, *ee, *ie　　　　　　　　　2. *ue, *ui
3. *ai, *ay　　　　　　　　　　　　4. *oa, *ow
5. ie

ステップ 3 単語の聞き取りクイズ Track 024

　聞こえたつづり字を選択肢の中から選び（　　）に記入し、単語を完成させましょう。

> ai　ay　ie　ie　ea　ee　oa　ow　ue　ui

1. b (　　　) t　　　　　　　　2. ch (　　　) f
3. r (　　　) n　　　　　　　　4. tr (　　　)
5. p (　　　)　　　　　　　　　6. s (　　　) t
7. fr (　　　) t　　　　　　　　8. l (　　　)
9. d (　　　)　　　　　　　　　10. n (　　　) d

1. b (oa) t （ボート）

2. ch (ie) f （チーフ）※ ie ②

3. r (ai) n （雨）

4. tr (ue) （真実の）

5. p (ie) （パイ）※ ie ①

6. s (ea) t （席）

7. fr (ui) t （フルーツ）

8. l (ow) （低い）

9. d (ay) （日）

10. n (ee) d （必要だ）

1 単語のリスニング

2 語句のリスニング

3 文のリスニング

4 総まとめ

母音ペア ②

2つの母音字が隣り合い、新しい音を作る

母音ペア②は a, e, i, o, u と w, y のうち、2つの文字が連なり「新しい音」を作るというルールです（ここでも寡黙な働き者の w と y は健在です）。このグループには oi（オィ）や ei（エィ）のように、つづり字を見たときに何となく音の想像がつきそうなものと、ew（ユー）のように本来のつづり字の音とはまったくかけ離れてしまっているものとがあります。2字つづりの子音と同じく、母音ペア②も複数の文字が隣り合い、それらが音の化学反応を起こし新しい音を生み出します。なお、ow には母音ペア①の「オゥ」（p. 46）と母音ペア②の「アゥ」の音がありますが、単語の中で使われる割合はほぼ半々と言われています。

Track **025**

	つづり字	発音記号	カナ	発音の仕方	聞き取りのコツ	単語
1	oi	/ɔi/	オィ	口を丸めて「オ」と言い、小さな「ィ」を足す。	日本語の「甥」は「お」と「い」が同じ強さで読まれますが、oi および oy は「オ」のほうが圧倒的に強く、「ィ」に向かって音が下降していきます。なお、boy のように oy の文字が語尾に来ると、「ボィ」ではなく「ボーィ」といったように音がやや伸びる傾向にあります。	spoil（だめにする）
	oy					enjoy（楽しむ）

2	ou	/au/	アゥ	口を大きく開けて「ア」と言い、小さな「ゥ」を足す。	日本語の「会う」に比べると、ouやowは「ア」のほうが強くはっきりと響きます。	house（家）
	ow					how（どうやって）
3	短いOO	/u/	ウッ	唇を丸めて短く「ウッ」。	「ウ」と「オ」の中間的な響きを持っています。	wood（木材）
4	長いOO	/uː/	ウー	唇をタコのように突き出し、「ウー」と音を伸ばす。	coolはカタカナ英語の発音では「クール」と音が伸びるだけですが、長いOOは日本語のそれよりもかなり強く、低く響きます。	stool（踏み台）
5	au	/ɔː/	オー	口を大きく開けて「オー」。	若干「アー」の音色も加わります。	August（8月）
	aw					crawl（這う）
6	ew	/juː/ または /uː/	ユーウー	(1)「ユー」と音を伸ばす。 (2) 口をすぼめて「ウー」と発音。	(1) = u のアルファベット読み (2)「長いOO」と同じ音です。	knew（know［知っている］の過去形）
7	ei	/ei/	エィ	口の端を引き「エ」と言い、小さな「ィ」を足す。	= a のアルファベット読み	rein（手綱）

ステップ 1　発音エクササイズ　　　　　　　　● Track **026**

あとについて発音しましょう。なお、[　　] は同じ読み方のつづり字です。

[oi, oy]　[ou, ow]　短い OO　長い OO　[au, aw]　ew　ei

ステップ 2　フォニックスの聞き取りクイズ　　● Track **027**

　聞こえたつづり字を（　　）に書きましょう。* の箇所には、同じ音の異なるつづり字がそれぞれ入ります。

1. (　　　　)　　　　　　2. (*　　　) (*　　　)
3. (　　　　)　　　　　　4. (*　　　) (*　　　)
5. (　　　　)　　　　　　6. (*　　　) (*　　　)
7. (　　　　)

答え

1. 長い OO　　　　　　　2. *au, *aw
3. ew　　　　　　　　　　4. *ou, *ow
5. ei　　　　　　　　　　6. *oi, *oy
7. 短い OO

聞こえたつづり字を選択肢の中から選び（　　　）に記入し、単語を完成させましょう。

---

oi　oy　ou　ow　（短い）**oo**　（長い）**oo**　au　aw　ew　ei

---

1. h (　　　) d　　　　　　　　2. (　　　) l
3. l (　　　)　　　　　　　　　4. s (　　　) nd
5. ch (　　　)　　　　　　　　6. m (　　　) d
7. (　　　) ght　　　　　　　8. n (　　　)
9. c (　　　) se　　　　　　　10. t (　　　)

答え

1. h (oo) d（フード）※短い OO

3. l (aw)（法律）

5. ch (ew)（噛む）

7. (ei) ght（8）

9. c (au) se（原因）

2. (oi) l（油）

4. s (ou) nd（音）

6. m (oo) d（気分）※長い OO

8. n (ow)（今）

10. t (oy)（おもちゃ）

子音混合音

複数の子音字が連結し、それぞれの音がくっつく

　子音混合音（または、子音ブレンド音とも言います）は、複数の子音の連続音で、それぞれの音色を残しつつも"あたかも1音"であるかのように発音されるという特徴があります。しかしながら、日本語にはそもそも子音の連結がないため、聞き取りはちょっとばかり厄介です。例えば、カタカナ英語の「テニス」をローマ字にすると tenisu ですが、te, ni, su のように子音の後に母音が続きます。原則として日本語の音の構成は「子音＋母音」ですので、「子音＋子音」というのはイメージとしてつかみにくいかもしれません。子音混合音の聞き取りポイントはただ1つ、スピードに慣れることに尽きます。stop や bring の st や br は母音をはさまず一気に発音されるため、簡単な単語であっても、聞き取りの難易度は見た目以上です。「英語の耳を育てる」という観点において、st や br などの小さな音の粒子をもれなくキャッチできるようになることが「聞き取り名人」の道につながっていきます。小さなことからコツコツと積み上げていきましょう。

① S グループ

s に次の子音字が続くと規則的な読み方をする
s +【 t, p, c, k, m, n, qu, w 】

　s を基調とする混合音のグループです。s の後に t や p などの無声子音が続くと s の音はかすかにしか聞こえません。spot であれば、母音に引っ張られた p の音のほうが際立ってしまいます。しかしながら、はっきり聞こえないとはいえ、s に音がないわけではありません。当然のことながら、spot と pot は似て非なる単語、聞き取りには注意が必要です。

▶ 基本の音：s（舌先を歯茎に近づけ「ス」）

	つづり字	発音記号	カナ	発音の仕方	聞き取りのコツ	単語
1	st	/st/	ストッ	「ス」＋歯茎にあてた舌先を離して「トッ」。	listなど語尾のtは無声音が際立ち、「ッ」のような響きです。	steep（[道が] 険しい）
2	sp	/sp/	スプッ	「ス」＋閉じた唇を一気に開いて「プッ」。	spで終わる単語にはgrasp（把握する）などがありますが、数はあまり多くありません。	sport（スポーツ）
3	sc	/sk/	スクッ	「ス」＋喉の奥にあてた舌を離して「クッ」。	diskなど語尾のkもはっきりとは聞こえません。	scope（[活動などの] 範囲）
	sk					skate（スケートをする）
4	sm	/sm/	スム	「ス」＋唇を閉じ、鼻から声を抜かして「ム」。	prism（プリズム）のように、語尾のsmは「ズム」と発音することもあります。このときのsは/z/の読み方をします。	smoke（煙）
5	sn	/sn/	スヌ	「ス」＋歯茎にあてた舌先を離して「ヌ」。	smと同様に、nのときに鼻から声が抜けます。なお、snで終わる単語はほとんどありません。	snooze（うたた寝をする）

| 6 | squ | /skw/ | スクゥ | 「ス」＋喉の奥にあてた舌を離して「ク」と言った後、唇を丸めて「ゥ」。 | quはkとwを足した音ですが、これにsがくっついて /skw/ となります。なお、squは3字3音なので、発声の際にかなりのスピードがつきます。 | squirrel（リス） |
| 7 | sw | /sw/ | スゥッ | 「ス」＋唇を丸めて「ゥッ」。 | 日本語ではswingは「スイング」と発音しますが、英語では「ス」と「イ」の間に小さな「ゥ」が入ります。同様にSwissも「スゥイス」です。 | Swiss（スイス） |

ステップ 1　発音エクササイズ　　　　　　　　　　　　⊙ Track **030**

あとについて発音しましょう。なお、[　　] は同じ読み方のつづり字です。

st　sp　[sc, sk]　sm　sn　squ　sw

ステップ 2　フォニックスの聞き取りクイズ　　　　　⊙ Track **031**

　聞こえたつづり字を（　　）に書きましょう。* の箇所には、同じ音の異なるつづり字がそれぞれ入ります。

1. (　　　　)
2. (　　　　)
3. (　　　　)
4. (*　　　) (*　　　)
5. (　　　　)
6. (　　　　)
7. (　　　　)

答え

1. st
2. sm
3. sw
4. *sc, *sk
5. squ
6. sp
7. sn

ステップ 3　単語の聞き取りクイズ ● Track 032

　聞こえたつづり字を選択肢の中から選び（　　）に記入し、単語を完成させましょう。

st	sp	sc	sk	sm	sn	squ	sw

1. (　　　) ile 　　　　　　2. (　　　) oon
3. (　　　) ale 　　　　　　4. (　　　) i
5. (　　　) im 　　　　　　6. (　　　) ail
7. (　　　) ay 　　　　　　8. (　　　) are

答え

1. (sm) ile （ほほ笑む）　　　　2. (sp) oon （スプーン）
3. (sc) ale （規模、程度）　　　4. (sk) i （スキー）
5. (sw) im （泳ぐ）　　　　　　6. (sn) ail （カタツムリ）
7. (st) ay （滞在する）　　　　8. (squ) are （正方形）

② L グループ

次の子音字に l が続くと規則的な読み方をする
【 c, g, p, b, f, s 】+ l

　子音字と l が隣り合ったときも音が連結し混合音を作ります。l には明るい L と暗い L がありますが（p. 34 参照）、このグループでは明るい L のほうが使われています。明るい L は舌先で歯茎をたたいて作る音なので、クリアではっきりとした、たいへん小気味よい響きを持っています。また、s のブレンド音と同様に子音同士がくっつき超特急の速さで読まれてしまうため、耳がスピードについていけるかどうかが聞き取りのポイントとなります。

▶ 基本の音：l（歯茎にあてた舌先を離して「ル」）

※表の見方
・ペアの音のとき、上段は無声音、下段は有声音です。

Track **033**

	つづり字	発音記号	カナ	音の作り方	リスニングのコツ	単語
1	cl	/kl/	クル	喉の奥にあてた舌を離し＋「ル」。	clとglは対の音で、違いは何かというとc /k/ は無声音、g /g/ は有声音という点です。無声音はそもそもかすかな響きのため、スピードのついたclapの下線部分などは、聞き取りの練習を重ねないと日本人の耳にはなかなか飛び込んできてくれません。 ペアの音	clap（拍手する）
2	gl	/gl/	グル			glass（グラス）
3	pl	/pl/	プル	閉じた唇を一気に開き＋「ル」。	単語がplやblで始まるときのlは「明るいL」ですが、appleやcableなどeを伴った語尾のlは「暗いL」（p. 34参照）になります。※共にeは読みません。 ペアの音	plant（植物）
4	bl	/bl/	ブル			blush（赤面する）

| 5 | fl | /fl/ | フル | 下唇にあてた前歯を離し＋「ル」。 | fから1への移行が一瞬で行われるため、fの音はたいへん聞き取りにくくなっています。fではかすかに息が流れるだけなので、慣れないうちはfleeceとlease（賃借する）が同じように聞こえてしまうかもしれません。 | fleece（[服地用の] 羊毛） |
| 6 | sl | /sl/ | スル | 歯茎に舌先を近づけて＋「ル」。 | sも無声音ですが、fと比べると息の放出は多めです。 | slide（滑る） |

リスニング・トレーニング

ステップ1 発音エクササイズ ⏺ Track **034**

あとについて発音しましょう。

cl gl pl bl fl sl

ステップ2 フォニックスの聞き取りクイズ ⏺ Track **035**

聞こえたつづり字を（　　）に書きましょう。

1.（　　　）　　　　2.（　　　）　　　　3.（　　　）
4.（　　　）　　　　5.（　　　）　　　　6.（　　　）

1. gl   2. fl   3. sl
4. pl   5. cl   6. bl

ステップ3 単語の聞き取りクイズ   Track **036**

　聞こえたつづり字を選択肢の中から選び（　　）に記入し、単語を完成させましょ
う。

---

cl　gl　pl　bl　fl　sl

---

1. (　　　) oud   2. (　　　) ate   3. (　　　) ow
4. (　　　) eep   5. (　　　) ack   6. (　　　) ag

1. (cl) oud（雲）   2. (pl) ate（皿）   3. (gl) ow（光を放つ）
4. (sl) eep（寝る）   5. (bl) ack（黒）   6. (fl) ag（旗）

③ R グループ

次の子音字に r が続くと規則的な読み方をする
【 p, b, c, g, f, d, t 】+ r

　子音混合音には、r を基調とするグループもあります。この場合、子音字の後に r が続くかたちで構成されます。dr と tr は音の化学変化が起こり、dr は「ジュゥル」、tr は「チュゥル」のように響きます。つまり dream（夢）は「ジュゥリーム」、tree（木）は「チュゥリィ」となるわけですが、このときの d は j、t は ch と似た音になるため、dr と tr の音を書き換えると、前者は *jr*eam、後者は *chr*ee です。

▶ 基本の音：r（舌先を口の中の天井に向けて「ゥル」）

※表の見方
・ペアの音のとき、上段は無声音、下段は有声音です。

Track **037**

	つづり字	発音記号	カナ	音の作り方	リスニングのコツ	単語
1	pr	/pr/	プゥル	閉じた唇を一気に開き＋「ゥル」。	この 2 つのつづり字は対になっています。pr の p /p/ は無声音、br の b /b/ は有声音です。ペアの音	prime（主要な）
2	br	/br/	ブゥル			brake（ブレーキ）
3	cr	/kr/	クゥル	喉の奥にあてた舌を離し＋「ゥル」。	上記と同じく、cr と gr も対の音です。ペアの音	creek（小川）
4	gr	/gr/	グゥル			grape（ブドウ）

5	fr	/fr/	フゥル	下唇にあてた前歯を離し＋「ゥル」。	p. 59のflとは似て非なる音です。flのlははっきりとした「ル」ですが、frのrは小さなゥから始まる「ゥル」です。	France（フランス）
6	dr	/dr/	ジュゥル	舌先を歯茎につけ「ジュ」＋「ゥル」。	drのdは音の化学変化が起こり「ジュ」のように響きます。※drの音を文字で表すと*jr*です。	draft（草案）
7	tr	/tr/	チュゥル	舌先を歯茎につけて「チュ」＋「ゥル」。	trのtも化学変化が起こり「チュ」になります。※trの音を文字で表すと*chr*です。	track（小道）

リスニング・トレーニング

ステップ 1 発音エクササイズ　　　　　　　　　　　　　　 Track 038

あとについて発音しましょう。

pr br cr gr fr dr tr

ステップ 2 フォニックスの聞き取りクイズ　　　　　　　　　 Track 039

聞こえたつづり字を（　　）に書きましょう。

1. (　　　　)　　　　　　2. (　　　　)　　　　　　3. (　　　　)
4. (　　　　)　　　　　　5. (　　　　)　　　　　　6. (　　　　)
7. (　　　　)

答え

1. pr　　　　　　　　　　2. dr　　　　　　　　　　3. gr
4. tr　　　　　　　　　　5. br　　　　　　　　　　6. fr
7. cr

ステップ 3 単語の聞き取りクイズ　　　　　　　　　　　　　 Track 040

聞こえたつづり字を選択肢の中から選び（　　）に記入し、単語を完成させましょう。

> pr br cr gr fr dr tr

1. (　　　) ee　　　　　2. (　　　) ick　　　　　3. (　　　) ime
4. (　　　) ick　　　　　5. (　　　) aise　　　　6. (　　　) eam
7. (　　　) ade

1. (fr) ee（自由）　　　　2. (br) ick（レンガ）　　　　3. (cr) ime（犯罪）

4. (tr) ick（いたずら）　　5. (pr) aise（褒める）　　　6. (dr) eam（夢）

7. (gr) ade（学年）

④ 3文字のグループ

次の複数の子音字も規則的な読み方をする
【 spl, spr, str, scr, thr 】

　締めくくりとして、混合音の応用を学びます。英語の子音は、語頭では3つまで連結することが可能で、この法則を最大限に活かしたつづり字の単語が登場します。子音の数が増えるにつれてリスニングの難易度も上がってきますので、しっかりと聞き取り練習を行いましょう。ちなみに str は「スチュゥル」と発音しますが、ネイティブの耳にしてみれば、これでもほぼ1音扱いです。もはや日本語の耳では到底太刀打ちできない領域ですね…。英語がとりわけ速く聞こえてしまうのは、つまりは日本語にはないこういった子音のつながりが原因なのです。

🔘 Track **041**

	つづり字	発音記号	カナ	音の作り方	リスニングのコツ	単語
1	spl	/spl/	スプルッ	舌先を歯茎に近づけ「ス」＋「プル」。	lの音が最も顕著に響きますが、このlは「明るいL」です。	split（二分する）
2	spr	/spr/	スプゥル	舌先を歯茎に近づけ「ス」＋「プゥル」。	このつづり字も語尾のrの音が顕著に響きます。なお、spl と spr の聞き分け方は、語尾が明るく（そして高めに）響けば spl、暗くくぐもっていればsprです。	sprinkle（ふりかける）

3	str	/str/	スチュゥル	舌先を歯茎に近づけ「ス」+「チュゥル」。	trは音声変化が起こり「チュゥル」のように響くと学びました。なお、strはtrの語頭にsがついた子音混合音と考えましょう。	stride (一歩)
4	scr	/skr/	スクゥル	舌先を歯茎に近づけ「ス」+「クゥル」。	rの音にはいずれも小さな「ゥ」が入りますので、その点を聞き取りのポイントとします。なお、sclで始まる単語はほぼありませんので、scrとsclの対立はなし、と考えてもよいでしょう。	scrap (切れ端)
5	thr	/θr/	スゥル	舌先を前歯で軽く噛んで「ス」+「ゥル」。	この「ス」は上述の1〜4のsとは異なり「息のTH」です。なお、thrは3字2音です。	threw (throw [投げる] の過去形)

リスニング・トレーニング

ステップ 1　発音エクササイズ

Track **042**

あとについて発音しましょう。

spl　spr　str　scr　thr

ステップ 2　フォニックスの聞き取りクイズ

Track **043**

聞こえたつづり字を（　　）に書きましょう。

1.（　　　　） 　　　　2.（　　　　） 　　　　　　3.（　　　　）
4.（　　　　） 　　　　5.（　　　　）

答え

1. str 　　　　　　　　2. thr 　　　　　　　　3. spr
4. scr 　　　　　　　　5. spl

ステップ 3　単語の聞き取りクイズ

Track **044**

聞こえたつづり字を選択肢の中から選び（　　）に記入し、単語を完成させましょう。

> **spl　spr　str　scr　thr**

1.（　　　　）eet 　　　　2.（　　　　）ain
3.（　　　　）ipt 　　　　4.（　　　　）ead
5.（　　　　）ash

1. (str) eet（通り）

2. (spr) ain（ねんざする）

3. (scr) ipt（台本）

4. (thr) ead（縫い糸）

5. (spl) ash（[液体が] はねかかる）

r つきの母音

母音字と r が連結し、新しい音を作る

　r つきの母音は母音字と r がくっついて新しい音を作るグループです。とりわけ GA（General American = 標準アメリカ英語）では、舌先を口の中の天井へそり上げて音を作るため、舌の面が壁のような役割を果たし、声の通り道がブロックされてしまいます。そのため全体的にくぐもった、たいへん聞き取りにくい音となります。

　なお、ここでもサイレント E と同じく、語尾の e は読みません。ならば、ar と are は同じ発音でしょうか？　答えはもちろん NO です。e は読まないからと言って決して不必要なのではなく、母音字のバリエーションを増やすためになくてはならない存在なのです。母音字はたったの 5 個(a, e, i, o, u)しかありません。つまり、額面通りに読んだだけでは 5 つしか音は作れないのです。その昔、賢者が苦心して編み出したつづり字の法則、私たちもその恩恵にあずかろうではありませんか。

※表の見方
・ar は「アーr」と表記していますが、この r は舌先を口の中の天井に向けて反り上げるという印です。発音の際、舌先は口の天井のどこにも触れません。

● Track **045**

	つづり字	発音記号	カナ	音の作り方	リスニングのコツ	単語
1	ar	/ɑːr/	アーr	大きく口を開け、「アー」と言いながら、舌先を上へ反らせる。	このグループの中では比較的はっきりとした音色を持っています。	card（カード）

2	er	/əːr/	アr	舌先を少し上へ向けたまま、口をあまり開けずに「ア」。	実際は「ア」と「ウ」の中間音で、全体的にくぐもった響きです。	her（彼女の）
	ir					birth（誕生）
	ur					turf（芝生）
3	ear	/iər/	イァー r	口の端を左右に引き「イァ」と言いながら、舌先を上へ反らせる。	「イ」から舌の反り上げが完了するまで、口の端はピンと張った状態です。語尾のrには「ア」と「ウ」の間のようなぼやけた音が残ります。	gear（ギア）
	ere					here（ここに）
	eer					deer（鹿）
4	oor	/uər/	ウァ r	唇を突き出し「ウァ」と言いながら舌先を上へ反らせる。	「ウ」が最も強く響きます。なお、語頭に /j/ がつくと「ユァー」/juər/ という音になります。（例）cure（癒す）pure（純粋な）	moor（停泊させる）
	ure					lure（誘惑）
5	are	/eər/	エァー r	口の端を強く引き「エァー」と言いながら、舌先を上へ反らせる。	「エ」の音が最も強く響きます。語尾で舌が反り上がるため「ア」とも「ウ」ともつかないぼやけた音色が残ります。なお、pear（梨）も例外的にこの読み方をします。	glare（ぎらぎら輝く）
	air					fair（公平な）

6	or	/ɔːr/	オァr	口をすぼめ、「オ ァ」と言いながら、舌先を上へ反らせる。	リスニングの際、「オ」の音に注目しましょう。そうすることで、4の「ウァr」との違いを明確にすることができます。	cord（コード）
	ore					snore（いびきをかく）
	oar					oar かい（櫂）
7	ire	/aiər/	アイァr	口を大きく開け「アイァ」と言い、舌先を上へ反らせる。	ireは「ア」+「イ」+「ァ」の3つの音素で構成されていることから三重母音とも呼ばれています。言い始めの「ア」が最も強く、それぞれの音が滑らかにつながっていきます。	fire（火）
8	our	/auər/	アウァr	口を大きく開け「アウァ」と言い、舌先を上へ反らせる。	7と同様に「ア」+「ウ」+「ァ」の三重母音です。こちらも語頭の「ア」が最も強く響きます。	flour（小麦粉）
	ower					tower（塔）

リスニング・トレーニング

ステップ 1 発音エクササイズ

 Track **046**

あとについて発音しましょう。なお、[　] は同じ読み方のつづり字です。

ar [er, ir, ur] [ear, ere, eer] [oor, ure] [are, air] [or, ore, oar] ire [our, ower]

ステップ 2 フォニックスの聞き取りクイズ

Track **047**

聞こえたつづり字を（　）に書きましょう。＊ の箇所には、同じ音の異なるつづり字がそれぞれ入ります。

1 (　　)
2 (＊　　) (＊　　)
3 (　　)
4 (＊　　) (＊　　) (＊　　)
5 (＊　　) (＊　　)
6 (＊　　) (＊　　)
7 (＊　　) (＊　　) (＊　　)
8 (＊　　) (＊　　) (＊　　)

答え

1. ire
2. *oor, *ure
3. ar
4. *ear, *ere, *eer
5. *are, *air
6. *our, *ower
7. *er, *ir, *ur
8. *or, *ore, *oar

聞こえたつづり字を選択肢の中から選び（　　）に記入し、単語を完成させましょう。

---

ar　er　ir　ur　ear　ere　eer　oor　ure　are　air
or　ore　oar　ire　our　ower

---

1. c (　　　)　　　　　　　　　2. d (　　　) k
3. ch (　　)　　　　　　　　　4. p (　　)
5. b (　　) d　　　　　　　　　6. ch (　　　)
7. p (　　　)　　　　　　　　　8. t (　　　) n
9. s (　　)　　　　　　　　　　10. r (　　　)
11. h (　　)　　　　　　　　　12. n (　　　)
13. s (　　)　　　　　　　　　14. s (　　) ve
15. sph (　　　)　　　　　　　16. sh (　　　)
17. n (　　　) th

答え

1. c (ore)（[リンゴなどの] 芯）　　2. d (ar) k（暗い）
3. ch (air)（椅子）　　　　　　　　4. p (ower)（力）
5. b (ir) d（鳥）　　　　　　　　　6. ch (eer)（励ます）
7. p (oor)（貧乏な）　　　　　　　8. t (ur) n（回転する）
9. s (our)（すっぱい）　　　　　　10. r (oar)（[虎などが] うなる）
11. h (ire)（雇う）　　　　　　　　12. n (ear)（近い）
13. s (ure)（確かな）　　　　　　　14. s (er) ve（給仕する）
15. sph (ere)（球体）　　　　　　　16. sh (are)（共有する）
17. n (or) th（北）

Lesson

02

応用編

リスニングに役立つ！
知っておきたいフォニックスの法則

母音字が１つのとき

単語の中の「母音字が１つ」だけのとき、
その母音字は「フォニックス読み」になる

　アルファベットは子音字と母音字に分けられますが、bad（悪い）→ bed（ベッド）→ bid（入札）→ bud（芽）のように母音字を入れ替えることで、次々と意味が変わっていきます。そうです、単語の真ん中に鎮座する母音字は、意味を構築する上で中心的な役割を担っているのです。**単語の中に母音字が１つだけあるとき、その文字はフォニックス読みになる**という法則は、とりわけ基本的な単語において多く見られます。なお、「母音字＋子音字＋ e」で単語が終わっているとき、語末の e は読まない（つまり音がない）という「サイレント E」のルール（p. 41）を習いましたが、ここでの法則とサイレント E とを比較することで、英語のつづり字の面白さをより深く知ることができます。

　例えば、pet に e をつけて Pete にすると「ペット」が男性の名前「ピート」に早変わりしますが、これは母音字の数が影響を与えた結果によるものです。たった１文字の破壊力なり。これぞ e のパワーを証明する例の１つと言えるでしょう。

pet
（ペット）

Pete
（ピート）

母音字が１つ

「フォニックス読み」になる

母音字が１つ ＋ 語尾の e

「アルファベット読み」になる
（= サイレント E）

リスニング・トレーニング

　聞こえた単語を（　）に書きましょう。単語の中に①母音字が１つ、②母音字が
２つ（＝サイレント E）あるものの順に単語が読まれていきます。

トレーニング 1

Track **049**

　a と a_e の音を聞き取ろう

/æ/ と /ei/

① 母音字が１つの単語　　　　② サイレント E の単語
＜フォニックス読み＞　　　　＜アルファベット読み＞

1. (　　　　　　　　) ─ (　　　　　　　　)
2. (　　　　　　　　) ─ (　　　　　　　　)
3. (　　　　　　　　) ─ (　　　　　　　　)
4. (　　　　　　　　) ─ (　　　　　　　　)
5. (　　　　　　　　) ─ (　　　　　　　　)

6. (　　　　　) — (　　　　　)
7. (　　　　　) — (　　　　　)
8. (　　　　　) — (　　　　　)
9. (　　　　　) — (　　　　　)
10. (　　　　　) — (　　　　　)
11. (　　　　　) — (　　　　　)
12. (　　　　　) — (　　　　　)
13. (　　　　　) — (　　　　　)
14. (　　　　　) — (　　　　　)
15. (　　　　　) — (　　　　　)
16. (　　　　　) — (　　　　　)
17. (　　　　　) — (　　　　　)
18. (　　　　　) — (　　　　　)

答え

1. mad（怒っている）　made（make［作る］の過去形・過去分詞）
2. plan（計画）　plane（飛行機）
3. hat（帽子）　hate（大嫌いだ）
4. rat（ネズミ）　rate（割合）
5. shack（小屋）　shake（振る）
6. tap（コツコツたたく）　tape（テープ）
7. stack（積み上げる）　stake（棒）
8. man（男性）　mane（［馬の］たてがみ）
9. Sam（サム［男性名］）　same（同じ）
10. fat（太った）　fate（運命）
11. snack（軽食）　snake（ヘビ）
12. pal（友人）　pale（青白い）
13. tack（画びょう）　take（取る）
14. scrap（切れ端）　scrape（こすり落とす）
15. mat（［玄関の］ドアマット）　mate（仲間）
16. sack（袋）　sake（利益）
17. lack（不足）　lake（湖）
18. pan（なべ）　pane（ガラス板）

　i と i_e の音を聞き取ろう

/ɪ/ と /ɑɪ/

① 母音字が1つの単語　　　　② サイレント E の単語
<フォニックス読み>　　　　　<アルファベット読み>

1. (　　　　　　　　) ─ (　　　　　　　　　)
2. (　　　　　　　　) ─ (　　　　　　　　　)
3. (　　　　　　　　) ─ (　　　　　　　　　)
4. (　　　　　　　　) ─ (　　　　　　　　　)
5. (　　　　　　　　) ─ (　　　　　　　　　)
6. (　　　　　　　　) ─ (　　　　　　　　　)
7. (　　　　　　　　) ─ (　　　　　　　　　)
8. (　　　　　　　　) ─ (　　　　　　　　　)
9. (　　　　　　　　) ─ (　　　　　　　　　)
10. (　　　　　　　　) ─ (　　　　　　　　　)
11. (　　　　　　　　) ─ (　　　　　　　　　)
12. (　　　　　　　　) ─ (　　　　　　　　　)
13. (　　　　　　　　) ─ (　　　　　　　　　)
14. (　　　　　　　　) ─ (　　　　　　　　　)
15. (　　　　　　　　) ─ (　　　　　　　　　)
16. (　　　　　　　　) ─ (　　　　　　　　　)
17. (　　　　　　　　) ─ (　　　　　　　　　)
18. (　　　　　　　　) ─ (　　　　　　　　　)

答え

1. kit（道具一式）　　　　　　kite（凧）
2. pip（リンゴなどの種）　　　pipe（パイプ）
3. quit（やめる）　　　　　　quite（かなり）
4. fill（いっぱいにする）　　　file（ファイル）
5. bit（少し）　　　　　　　　bite（噛む）

6. pin（ピン）   pine（松）
7. mill（製粉機）   mile（マイル）
8. strip（細片）   stripe（ストライプ）
9. till（～まで）   tile（タイル）
10. Tim（ティム［男性名］）   time（時間）
11. twin（双子）   twine（麻ひも）
12. pill（丸薬）   pile（積み重ね）
13. sit（座る）   site（場所）
14. win（勝つ）   wine（ワイン）
15. dim（ほの暗い）   dime（10セント硬貨）
16. fin（ヒレ）   fine（良い）
17. hid（hideの過去形）   hide（隠す）
18. shin（向こうずね）   shine（輝く）

トレーニング 3

 Track **051**

o と o_e の音を聞き取ろう

/ɑ/ と /ou/

① 母音字が1つの単語   ② サイレント E の単語
＜フォニックス読み＞   ＜アルファベット読み＞

1. (   ) — (   )
2. (   ) — (   )
3. (   ) — (   )
4. (   ) — (   )
5. (   ) — (   )
6. (   ) — (   )
7. (   ) — (   )
8. (   ) — (   )
9. (   ) — (   )
10. (   ) — (   )

答え

1. rod （釣り竿）   rode （ride［乗る］の過去形）

2. not （〜ではない）   note （走り書き、メモ）

3. mop （モップ）   mope （ふさぎ込む）

4. slop （［液体が］こぼれる）   slope （坂）

5. cod （タラ［魚］）   code （規定）

6. hop （ぴょんぴょん跳ぶ）   hope （願う）

7. mod （最新流行の）   mode （方式、モード）
   ※ modern の短縮形

8. pop （飛び出る）   Pope （ローマ教皇）
   ※ 通常は the Pope で表します。

9. cop （警官）   cope （うまく対処する）

10. rob （強奪する）   robe （礼服）

トレーニング 4   ● Track **052**

u と u_e の音を聞き取ろう

/ʌ/ と /juː/ /uː/

① 母音字が 1 つの単語   ② サイレント E の単語
　＜フォニックス読み＞   　＜アルファベット読み＞

1. (　　　　　　　　) ─ (　　　　　　　　　)
2. (　　　　　　　　) ─ (　　　　　　　　　)
3. (　　　　　　　　) ─ (　　　　　　　　　)
4. (　　　　　　　　) ─ (　　　　　　　　　)
5. (　　　　　　　　) ─ (　　　　　　　　　)
6. (　　　　　　　　) ─ (　　　　　　　　　)

答え

1. hug（抱きしめる）　　　　　　　　huge（巨大な）

　※ただし、hug の g は「かたい G」、huge の g は「やわらかい G」です。

2. tub（容器）　　　　　　　　　　　tube（チューブ、筒）

3. dud（役に立たないもの）　　　　　dude（男、ヤツ）※口語表現

4. cut（切る）　　　　　　　　　　　cute（かわいい）

5. duck（アヒル）　　　　　　　　　duke（公爵）※通常は Duke で表します。

6. tun（大酒樽）　　　　　　　　　　tune（曲、旋律）

トレーニング 5　　　　　　　　　　　　　　　　　　　◯ Track 053

e と e_e の音を聞き取ろう

/e/ と /iː/

① 母音字が 1 つの単語　　　② サイレント E の単語
＜フォニックス読み＞　　　　＜アルファベット読み＞

1. (　　　　　　　　) ― (　　　　　　　　)
2. (　　　　　　　　) ― (　　　　　　　　)
3. (　　　　　　　　) ― (　　　　　　　　)

答え

1. pet（ペット）　　　　　　　　　　Pete（ピート［男性名］）

2. them（彼らを）　　　　　　　　　theme（テーマ）

　※ただし、them の th は「声の TH」、theme の th は「息の TH」です。

3. met（meet［会う］の過去形・過去分詞）　mete（人に～を課す）

複数の子音字が続くとき

英語は母音の前では最大で３つ、
母音の後では４つまで子音の連結が可能

　英語の子音は、母音の前では最大で３つ、母音の後では４つまで連結が可能です。なお、英単語には six /siks/（３字４音）のように文字の数と音が必ずしも一致しないことがあるので注意しましょう。さて、子音の連続音は日本人にとってハードルの高いリスニングチャレンジと言えます。なぜならそれは「山田さん」（= yamada san）から母音字だけを抜き取り「さあ、ymd sn と発音してごらん」と言われているようなものだからです。まさにアクロバティックな世界です。

---

y a m a d a   s a n　　➡　　**y m d   s n**

（ヤマダ サン）　　　　　　　　　　（ｨヤムド スン !?）

　日本語では原則として子音の次には母音が来ますので、「子音＋子音」という感覚がどうしてもつかみにくいのです。実際、英語のリスニングを行いながら思考停止に陥ってしまうのは、こういった摩訶不思議とも言える音の連続に耳がついていけないことが原因と言えるでしょう。特に日常英会話では、連続子音は弾丸スピードで発音される傾向にあるため（少なくとも私たちはそのように感じてしまいます）、聞き取ることはおろかスピードに追いつくことで精一杯になりがちです。ネイティブにしてみれば、決して早口でしゃべっているという感覚はないようですが、そのようなギャップを埋めていくことがリスニング向上につながっていくのです。

リスニング・トレーニング

聞こえた単語を（ ）に書きましょう。なお、つづり字と音声の数は必ずしも一致するとは限りませんので、その点に注意しましょう。

トレーニング 1

Track 054

＜母音字 a ＞

/æ/ ＋「子音＋子音」の聞き取り

1. (　　　　　　　　)　　　2. (　　　　　　　　)
3. (　　　　　　　　)　　　4. (　　　　　　　　)
5. (　　　　　　　　)　　　6. (　　　　　　　　)
7. (　　　　　　　　)　　　8. (　　　　　　　　)
9. (　　　　　　　　)　　　10. (　　　　　　　　)
11. (　　　　　　　　)　　　12. (　　　　　　　　)

答え

1. lamp（ランプ）

2. task（作業、タスク）

3. mask（マスク）

4. fact（事実）

5. band（バンド）

6. rank（地位、階級）

7. sand（砂）

8. thank（感謝する）

9. apt（〜する傾向にある）

10. past（過去）

11. bank（銀行）

12. hand（手）

＜母音字 e ＞

/e/ ＋「子音＋子音」の聞き取り

1. ( )	2. ( )
3. ( )	4. ( )
5. ( )	6. ( )
7. ( )	8. ( )
9. ( )	10. ( )
11. ( )	12. ( )
13. ( )	14. ( )
15. ( )	16. ( )
17. ( )	

答え

1. self（自己）

2. mend（修正する）

3. dent（へこみ）

4. nest（巣）

5. quest（探求）

6. vest（ベスト、チョッキ）

7. rest（休息）

8. bend（曲がる）

9. theft（盗み）

10. zest（熱意）

11. chest（胸部）

12. melt（溶ける）

13. shelf（棚）

14. kept（keep［保つ］の過去形・過去分詞）

15. lend（貸す）

16. depth（深さ）※ pth は 3 字 2 音です。

17. tend（～する傾向がある）

<母音字 i >

/ɪ/ +「子音＋子音」の聞き取り

1. (　　　　　　　　) 　　　2. (　　　　　　　　　　)
3. (　　　　　　　　) 　　　4. (　　　　　　　　　　)
5. (　　　　　　　　) 　　　6. (　　　　　　　　　　)
7. (　　　　　　　　) 　　　8. (　　　　　　　　　　)
9. (　　　　　　　　) 　　　10. (　　　　　　　　　)
11. (　　　　　　　) 　　　12. (　　　　　　　　　)
13. (　　　　　　　) 　　　14. (　　　　　　　　　)

答え

1. lift（持ち上げる）　　　　2. risk（危険性）
3. tint（色合い）　　　　　　4. film（映画）
5. twist（ねじる）　　　　　　6. link（つながり）
7. mist（霧、もや）　　　　　8. whisk（泡立てる）
9. gist（要点）　　　　　　　10. silk（絹）
11. ink（インク）　　　　　　12. width（幅）※ dth は3字2音です。
13. list（リスト）　　　　　　14. pinch（つねる）※ nch は3字2音です。

トレーニング 4

＜母音字 o ＞

/ɑ/ ＋「子音＋子音」の聞き取り

1. (　　　　　　　)　　2. (　　　　　　　　)
3. (　　　　　　　)　　4. (　　　　　　　　)
5. (　　　　　　　)

答え

1. fond（好む）
3. pond（池）
5. bond（絆）

2. socks（靴下）※ cks は3字2音です。
4. solve（解決する）

トレーニング 5

＜母音字 u ＞

/ʌ/ ＋「子音＋子音」の聞き取り

1. (　　　　　　　)　　2. (　　　　　　　　)
3. (　　　　　　　)　　4. (　　　　　　　　)
5. (　　　　　　　)　　6. (　　　　　　　　)
7. (　　　　　　　)　　8. (　　　　　　　　)
9. (　　　　　　　)　　10. (　　　　　　　)
11. (　　　　　　　)　　12. (　　　　　　　)

答え

1. pump（ポンプ）
2. dump（［ごみを］破棄する）
3. rust（［金属の］さび）
4. fund（基金）
5. thrust（ぐっと押す）
6. jump（ジャンプする）
7. bump（ぶつかる）
8. hunt（狩る）
9. dusk（夕暮れ）
10. sunk（sink［沈む］の過去形・過去分詞）
11. gulp（ごくりと飲み込む）
12. bulk（大量）

さて、次に3連続子音です。聞き取りが格段に難しい単語もありますので、繰り返し聞き、音声の特徴をつかみましょう。

トレーニング6   Track 059

＜ a, e, i, o, u のいずれか ＋ 「子音＋子音＋子音」の聞き取り＞

1. (   )   2. (   )
3. (   )   4. (   )
5. (   )   6. (   )
7. (   )   8. (   )
9. (   )   10. (   )
11. (   )   12. (   )

答え

1. depths（depth［深さ］の複数形）※ pths は 4字3音です。
2. thanks（thank［感謝する］の三単現）
3. months（month［月］の複数形）※ nths は 4字3音です。
4. asks（ask の三単現）
5. bumps（bump［ぶつかる］の三単現）
6. sixth（6番目）※ x は 2音、th は 1音です。
7. text（テキスト）※ xt は 2字3音です。
8. distinct（はっきりした）
9. fifths（fifth［5番目］の複数形）※ fths は 4字3音です。

10. gulfs（gulf［湾］の複数形）

11. helps（help［手伝う］の三単現）

12. jinx（縁起の悪いもの）※nx は<u>2字3音</u>です。

語尾が「無声・有声」の対のとき

語尾に「無声子音」が来ると、直前の母音字は「短め」に、 「有声子音」が来ると「長め」に発音される

　さて、まずは皆さんに質問です。kit（道具一式）と kid（子ども）を聞き取る際の重要なポイントは何でしょうか？　唯一の違いを示す t と d の音だと思いますよね。これはもちろん理にはかなっていますし、決して間違いではありません。なぜなら私たちが単語を聞き取ろうとする際、kit であれば「キット」、kid であれば「キッド」のように "語尾の音の違い" に注目するからです。しかしながら、kit と kid の例で言えば、ネイティブスピーカーは私たちが想像するほど語尾に注意を払っているわけではありません。実は、彼らは kit は「キット」、kid は「キード」のように、母音を長めに、または短めに発音することで単語を言い分けているのです。つまり、**注意を傾けるべき箇所は語尾ではなく語中の母音**だったのです。t のように息で作る子音（無声子音）が単語の終わりに来ると直前の母音は短めに、d のように声で作る子音（有声子音）が終わりに来ると長めに発音されます。意外に思われたかもしれませんが、kit と kid の聞き取り方に関して言えば、注目すべきは t や d の音の違いではなく、母音の長さ（そして短さ）なのです。

注目すべきは i の音の長短！

kit
キット

kid
キード

　t /t/ は無声子音なので、直前の i の音は短めに響く！

　d /d/ は有声子音なので、直前の i の音は長めに響く！

　トレーニングに入る前に、無声子音と有声子音についてまとめておきます。無声子音は息で作る音で、発音する際に喉にブルブルとした震えは起こりません。一方、有声子音は喉に振動を感じます。試しに喉に手をあてて t /t/ と d /d/ を交互に発音してみましょう。どうですか？　t のときは何も感じませんが、d では手のひらにわずかな震えがありますよね。逆に t のときに振動を感じた方は母音がくっついてしまっている状態なので、カタカナ発音になっています。1 字つづりの子音（p. 27–）の項目に戻り、しっかりと復習をしておきましょう。

無声子音
振動なし

有声子音
振動あり

次の表は、無声子音と有声子音のチャートです。

無声子音と有声子音の一覧表	
無声子音	有声子音
/p/ ⟷	/b/
/k/ ⟷	/g/
/t/ ⟷	/d/
/s/ ⟷	/z/
/f/ ⟷	/v/
/θ/ ⟷	/ð/
/ʃ/ ⟷	/ʒ/
/h/	–
/tʃ/ ⟷	/dʒ/
–	/m/
–	/n/
–	/ŋ/
–	/l/
–	/r/
–	/w/
–	/j/

※発音の際、口のかたちが同じ対の音は ⟷ で、対となる音がないものは - で表しています。

では、早速トレーニングを行いましょう。聞き取りのポイントは母音の長さです。繰り返しますが、母音が短めに聞こえたら語尾は無声子音、長めに聞こえたら有声子音です。

　語尾の音のみが異なる対の単語が読まれますので、聞こえた語を（　）に書きましょう。

> right と light のように、1つの音素だけが異なる単語の組み合わせを
> ミニマルペアと言います。
>
> ※数は少ないながら、複数の音素が異なる単語の場合もあります。

※基本のつづり字以外のものは「例外」および「準ルール」で示すことにしますので、単語を聞き取る際の参考にしてください。

> 例外：原則に合わない、特別なつづり字
> 準ルール：いくつかの例が認められるつづり字

1. フォニックス読みをする母音字

トレーニング 1

Track 060

/æ/ のミニマルペアを聞き取ろう

つづり字
a

---

① 母音 → 短めに響く　　　　② 母音 → 長めに響く
＜語尾は無声子音＞　　　　　＜語尾は有声子音＞

1. (　　　　　　　　) ― (　　　　　　　　)
2. (　　　　　　　　) ― (　　　　　　　　)
3. (　　　　　　　　) ― (　　　　　　　　)
4. (　　　　　　　　) ― (　　　　　　　　)

5. (　　　　　　　　)　—　(　　　　　　　　　　)
6. (　　　　　　　　)　—　(　　　　　　　　　　)
7. (　　　　　　　　)　—　(　　　　　　　　　　)
8. (　　　　　　　　)　—　(　　　　　　　　　　)
9. (　　　　　　　　)　—　(　　　　　　　　　　)
10. (　　　　　　　　)　—　(　　　　　　　　　　)
11. (　　　　　　　　)　—　(　　　　　　　　　　)
12. (　　　　　　　　)　—　(　　　　　　　　　　)
13. (　　　　　　　　)　—　(　　　　　　　　　　)
14. (　　　　　　　　)　—　(　　　　　　　　　　)

答え

1. pat（軽くたたく）　　　　　　　pad（詰め物、メモ用紙）
2. rack（棚）　　　　　　　　　　rag（布切れ）
3. tap（コツコツたたく）　　　　　tab（つまみ、タブ）
4. back（後ろ）　　　　　　　　　bag（かばん）
5. mat（ドアマット）　　　　　　　mad（怒っている）
　　※または Matt（マット［男性名］）
6. sack（大袋）　　　　　　　　　sag（へこむ、たるむ）
7. bat（バット）　　　　　　　　　bad（悪い）
8. cap（野球帽）　　　　　　　　　cab（タクシー）
9. hat（帽子）　　　　　　　　　　had（have［持つ］の過去形・過去分詞）
10. sat（sit［座る］の過去形・過去分詞）　sad（悲しい）
11. Mac（マック）　　　　　　　　mag（雑誌）
　　※ Apple 社製のコンピューターの略称　　※ magazine の口語表現
12. tack（びょう、ピン）　　　　　tag（付け札）
13. at（〜で）　　　　　　　　　　add（加える）
14. lack（不足）　　　　　　　　　lag（のろのろ歩く）

/e/ のミニマルペアを聞き取ろう

つづり字
e　ai（例外）　ea（準ルール）

---

① 母音 → 短めに響く　　　　　　② 母音 → 長めに響く
＜語尾は無声子音＞　　　　　　　＜語尾は有声子音＞

1. (　　　　　　　　) ― (　　　　　　　　　)
2. (　　　　　　　　) ― (　　　　　　　　　)
3. (　　　　　　　　) ― (　　　　　　　　　)
4. (　　　　　　　　) ― (　　　　　　　　　)
5. (　　　　　　　　) ― (　　　　　　　　　)
6. (　　　　　　　　) ― (　　　　　　　　　)
7. (　　　　　　　　) ― (　　　　　　　　　)
8. (　　　　　　　　) ― (　　　　　　　　　)
9. (　　　　　　　　) ― (　　　　　　　　　)
10. (　　　　　　　　) ― (　　　　　　　　　)

答え

1. debt（借金）※この b は読みません。　　　dead（死んだ）
2. set（置く）　　　　　　　　　　　　　said（say［言う］の過去形）
3. wet（ぬれた）　　　　　　　　　　　　wed（〜と結婚する）※または Wed.（水曜日）
4. fret（気をもむ）　　　　　　　　　　　Fred（フレッド）※男性の名前
5. let（〜させる）　　　　　　　　　　　led（lead［先導する］の過去形・過去分詞）
6. met（meet［会う］の過去形・過去分詞）　med（医療の）
7. bet（賭ける）　　　　　　　　　　　　bed（ベッド）
8. net（網、ネット）　　　　　　　　　　Ned（ネッド）※男性の名前
9. etch（刻み付ける）　　　　　　　　　　edge（縁、端）※語尾の e は読みません。
10. peck（［鳥がくちばしで］つつく）　　　peg（くぎ、フック）

トレーニング 3

/ɪ/ のミニマルペアを聞き取ろう

つづり字
i

---

① 母音 → 短めに響く
＜語尾は無声子音＞

② 母音 → 長めに響く
＜語尾は有声子音＞

1. (　　　　　　　　　) ―　(　　　　　　　　　)
2. (　　　　　　　　　) ―　(　　　　　　　　　)
3. (　　　　　　　　　) ―　(　　　　　　　　　)
4. (　　　　　　　　　) ―　(　　　　　　　　　) ※②はi以外のつづり字
5. (　　　　　　　　　) ―　(　　　　　　　　　)
6. (　　　　　　　　　) ―　(　　　　　　　　　)
7. (　　　　　　　　　) ―　(　　　　　　　　　)
8. (　　　　　　　　　) ―　(　　　　　　　　　)
9. (　　　　　　　　　) ―　(　　　　　　　　　)
10. (　　　　　　　　) ―　(　　　　　　　　　)
11. (　　　　　　　　) ―　(　　　　　　　　　)
12. (　　　　　　　　) ―　(　　　　　　　　　)
13. (　　　　　　　　) ―　(　　　　　　　　　)

答え

1. bit（少し）　　　　　　　　　　　bid（入札）
2. rich（金持ちの）　　　　　　　　　ridge（尾根）※語尾のeは読みません。
3. lit（light［火をつける］の過去形・過去分詞）　lid（ふた）
4. miss（し損なう）　　　　　　　　　Ms. /mɪz/（〜さん、様）※女性の姓の前につく
5. pick（選ぶ）　　　　　　　　　　　pig（ブタ）
6. quit（やめる）　　　　　　　　　　quid（1ポンド）※口語表現
7. hiss（［蒸気などが］シューという音を立てる）　his（彼の）
8. kit（道具一式）　　　　　　　　　　kid（子ども）

9. rip（はぎ取る）　　　　　　　　　rib（あばら肉、リブ）
10. wick（[ロウソクなどの] 芯）　　　wig（かつら）
11. hit（打つ）　　　　　　　　　　　hid（hide [隠す] の過去形）
12. lift（持ち上げる）　　　　　　　　lived（live [住む] の過去形・過去分詞）
　　　　　　　　　　　　　　　　　　※ lived の e は読みません。
13. mitt（ミット、手袋）　　　　　　　mid（中央の）

トレーニング 4　　　　　　　　　　　　　　　　　 Track **063**

/ɑ/ のミニマルペアを聞き取ろう

┌───┐
│　　　　　　　　　　**つづり字**　　　　　　　　　　　│
│　　　　　　　　　　　**o**　　　　　　　　　　　　　│
└───┘

① 母音 → 短めに響く　　　② 母音 → 長めに響く
＜語尾は無声子音＞　　　　＜語尾は有声子音＞

1. (　　　　　　　) — (　　　　　　　　)
2. (　　　　　　　) — (　　　　　　　　)
3. (　　　　　　　) — (　　　　　　　　)
4. (　　　　　　　) — (　　　　　　　　)
5. (　　　　　　　) — (　　　　　　　　)
6. (　　　　　　　) — (　　　　　　　　)
7. (　　　　　　　) — (　　　　　　　　)

答え

1. pot（深鍋）　　　　　　　　　　　pod（[豆の] サヤ）
2. fox（キツネ）　　　　　　　　　　fogs（fog [曇らせる] の三単現）
3. lock（鍵をかける）　　　　　　　　log（丸太）
4. block（ブロック、角材）　　　　　　blog（ブログ）
5. mop（モップ）　　　　　　　　　　mob（群衆）
6. frock（ワンピース）※やや古い表現　frog（カエル）
7. not（〜ではない）※または knot（結び目）　nod（うなずく）

トレーニング 5

/ʌ/ のミニマルペアを聞き取ろう

> **つづり字**
> u

① 母音 → 短めに響く
<語尾は無声子音>

② 母音 → 長めに響く
<語尾は有声子音>

1. (　　　　　　) — (　　　　　　　　)
2. (　　　　　　) — (　　　　　　　　)
3. (　　　　　　) — (　　　　　　　　)
4. (　　　　　　) — (　　　　　　　　)
5. (　　　　　　) — (　　　　　　　　)
6. (　　　　　　) — (　　　　　　　　)
7. (　　　　　　) — (　　　　　　　　)

答え

1. bus（バス）
2. tuck（縫いひだ、タック）
3. cup（カップ）
4. but（しかし）
5. duck（アヒル）
6. sup（少しずつ飲む）※やや古い表現です。
7. luck（幸運）

buzz（[ハチなどが] ブンブンと音を立てる）
tug（ぐいっと引っ張る）
cub（[クマなどの] 子）
bud（芽）
dug（dig [掘る] の過去形・過去分詞）
sub（代役）
lug（力任せに引く）

さて、ここからはアルファベット読みをする母音で聞き取りの練習をします。フォニックス読みと比べると、例外のつづり字も多く見受けられますので、ヒントのつづり字を参考に答えを考えてみましょう。

なお、アルファベット読みをする母音字は、長母音や二重母音のように、そもそも音が長めに響きます。そこで、語尾が無声子音と有声子音のミニマルペアになる際は、有声子音のほうは母音がほんの少しだけ長めに、かつ、より強めに聞こえる傾向にあります（この「強め」がとにかく重要です）。safe と save を聞き比べてみると、a /ei/ の長さで言えば、save のほうがやや長めに響きますが、強さに関しては、safe の「セエィフ」に対して save は「セエィヴ」といった具合に母音がより際立ちます。

トレーニング６

Track **065**

/ei/ のミニマルペアを聞き取ろう

つづり字
a　ai　ay　ei　ea（例外）

---

① 母音 → 短めに響く
＜語尾は無声子音＞

② 母音 → 長めに響く
＜語尾は有声子音＞

1. (　　　　　　　) ― (　　　　　　　)
2. (　　　　　　　) ― (　　　　　　　)
3. (　　　　　　　) ― (　　　　　　　)
4. (　　　　　　　) ― (　　　　　　　)
5. (　　　　　　　) ― (　　　　　　　)
6. (　　　　　　　) ― (　　　　　　　)
7. (　　　　　　　) ― (　　　　　　　)
8. (　　　　　　　) ― (　　　　　　　)
9. (　　　　　　　) ― (　　　　　　　)
10. (　　　　　　　) ― (　　　　　　　)

答え

1. face（顔）　　　　　　　　　　phase（局面、段階）
2. wait（待つ）　　　　　　　　　wade（[水たまりの中などを] 歩く）
3. great（すごい）　　　　　　　　grade（段階、階級）
4. race（競争、レース）　　　　　raise（上げる）
5. mate（仲間）　　　　　　　　　maid（お手伝い、メイド）
　　　　　　　　　　　　　　　　※または made（make [作る] の過去形、過去分詞）
6. safe（安全な）　　　　　　　　save（貯蓄する）
7. pace（速度、ペース）　　　　　pays（pay [支払う] の三単現）
8. late（遅い）　　　　　　　　　laid（lay [横たえる] の過去形、過去分詞）
9. base（基礎）　　　　　　　　　bays（bay [湾] の複数形）
10. eight（8）※ gh は読みません。　aid（支援）

トレーニング7

 Track 066

/iː/ のミニマルペアを聞き取ろう

つづり字

ea　ie　ee
---

① 母音 → 短めに響く　　　② 母音 → 長めに響く
＜語尾は無声子音＞　　　　＜語尾は有声子音＞

1. (　　　　　　　) ― (　　　　　　　)
2. (　　　　　　　) ― (　　　　　　　)
3. (　　　　　　　) ― (　　　　　　　)
4. (　　　　　　　) ― (　　　　　　　)
5. (　　　　　　　) ― (　　　　　　　)
6. (　　　　　　　) ― (　　　　　　　)
7. (　　　　　　　) ― (　　　　　　　)
8. (　　　　　　　) ― (　　　　　　　)
9. (　　　　　　　) ― (　　　　　　　)
10. (　　　　　　　) ― (　　　　　　　)

1. grief（悲しみ）　　　　　　　　　grieve（嘆き悲しむ）
2. neat（きちんとした）　　　　　　　need（必要だ）
3. piece（1片、1つ）※または peace（平和）　　peas（エンドウ豆）※複数形
4. leak（漏れる）　　　　　　　　　league（リーグ）※ ue は読みません。
5. seat（席）　　　　　　　　　　　seed（種）
6. teeth（歯）※複数形　　　　　　　teethe（歯が生える）
7. greet（挨拶する）　　　　　　　　greed（貪欲さ）
8. beat（連打する）　　　　　　　　bead（ビーズ、じゅず玉）
9. thief（泥棒）　　　　　　　　　　thieve（盗む）
10. leaf（葉）　　　　　　　　　　　leave（去る）

トレーニング 8　　　　　　　　　　　　　　🔘 Track **067**

/ɑi/ のミニマルペアを聞き取ろう

つづり字
i　igh（準ルール）　eigh（例外）　eye（例外）

① 母音 → 短めに響く　　　　② 母音 → 長めに響く
　＜語尾は無声子音＞　　　　　＜語尾は有声子音＞

1. (　　　　　　　　) ― (　　　　　　　　)
2. (　　　　　　　　) ― (　　　　　　　　)
3. (　　　　　　　　) ― (　　　　　　　　)
4. (　　　　　　　　) ― (　　　　　　　　)
5. (　　　　　　　　) ― (　　　　　　　　)
6. (　　　　　　　　) ― (　　　　　　　　)
7. (　　　　　　　　) ― (　　　　　　　　)
8. (　　　　　　　　) ― (　　　　　　　　)
9. (　　　　　　　　) ― (　　　　　　　　)

答え

1. slight（少しの）※ gh は読みません。   slide（滑る、滑走する）
2. right（右）   ride（乗る）
3. tight（[服などが] きつい）   tide（潮 [の干満]）
4. ice（氷）   eyes（目）※複数形

     ※ eye は例外中の例外のつづり字で、eye を「アィ」と読む単語は他にはありません。

5. bright（明るい）   bride（花嫁）
6. life（生命）   live（生放送の）
7. height（高さ）※ gh は読みません。   hide（隠す）
8. sight（光景）   side（側、面）
9. rice（米）   rise（上がる）

トレーニング 9

Track **068**

/ou/ のミニマルペアを聞き取ろう

つづり字

o   oa

---

① 母音 → 短めに響く   ② 母音 → 長めに響く
<語尾は無声子音>   <語尾は有声子音>

1. (   ) — (   )
2. (   ) — (   )
3. (   ) — (   )
4. (   ) — (   )
5. (   ) — (   )
6. (   ) — (   )

1. rope（ロープ） robe（バスローブ）
2. coat（コート） code（規則、規程）
3. loath（気が進まない） loathe（大嫌いだ）
4. close（近い）※形容詞 close（閉める）※動詞
5. dose（[薬の]1回の服用量） doze（うたた寝をする）
6. wrote（write［書く］の過去形） rode（ride［乗る］の過去形）

トレーニング 10 Track **069**

/ju:/ /u:/ のミニマルペアを聞き取ろう

つづり字
oo　o（例外）　ou（準ルール）　u　ue　ui

① 母音 → 短めに響く 　② 母音 → 長めに響く
＜語尾は無声子音＞ 　＜語尾は有声子音＞

1. ( )　—　( )
2. ( )　—　( )
3. ( )　—　( )
4. ( )　—　( )
5. ( )　—　( )
6. ( )　—　( )

1. route（経路） rude（無礼な）
2. loose（ゆるい） lose（失う）
3. use（使用）【名詞】 use（使う）【動詞】
4. proof（証明、証拠） prove（証明する）
5. boot（ブーツ） booed（boo［ブーイングする］の過去形・過去分詞）

6. su<u>it</u>（スーツ）　　　　　　　　su<u>ed</u>（sue［告訴する］の過去形・過去分詞）

※ suit と sue には /juː/ と /uː/ の両方の読み方がありますが、ここでは /uː/ で収録されています。

「同じ子音字」が連続するとき

**「同じ子音字」が連続するとき、
「１つの子音字」として見なす**

なぜ rabbit や tennis は「ラビビット」や「テニニス」にならないのか？を解決するのがこのルールです。もちろん、rabbit はラビット、tennis はテニスと読むことを私たちは"暗記"から学んでいますが、**同じ子音字は１つの文字として見なす**ということを知っていれば、単語の読み方を法則からひも解くことができます。特に miss や tell など語尾における子音字の重なりは、ほとんどの場合において、このルールが適応します。覚えるのも楽ですし、次の法則に向けての足がかりにもなりますので、ぜひとも脳内の引き出しにストックしておきましょう。

rab**b**it

"ラビビット"ではないことを証明するのがこのルール！

早速、子音字の重なりの音を聞いていきますが、皆さんもよくご存じの基本的な単語が登場します。文字の重なりが１つの音として換算されるという法則を知っておくことで、文字と音の関係がより明確に、よりクリアに理解することができるようになります。

リスニング・トレーニング

語尾に同じ子音字が重なる単語が読まれますので、聞こえた単語を（　　　）に書きましょう。

トレーニング 1

Track **070**

語尾が ll /l/ で終わっている単語グループ

1. (　　　　　　)	2. (　　　　　　)
3. (　　　　　　)	4. (　　　　　　)
5. (　　　　　　)	6. (　　　　　　)
7. (　　　　　　)	8. (　　　　　　)
9. (　　　　　　)	10. (　　　　　　)
11. (　　　　　　)	12. (　　　　　　)
13. (　　　　　　)	14. (　　　　　　)
15. (　　　　　　)	16. (　　　　　　)
17. (　　　　　　)	18. (　　　　　　)
19. (　　　　　　)	20. (　　　　　　)
21. (　　　　　　)	22. (　　　　　　)

答え

1. sell（売る）※または cell（細胞）

2. chill（冷やす）

3. pill（丸薬）

4. thrill（スリル）

5. till（〜まで）

6. well（上手に）

7. shell（殻）

8. dull（だるい）

9. fell（fall［落ちる］の過去形）

10. skill（技術）

11. drill（訓練、ドリル）

12. frill（［衣服の］フリル）

13. grill（［肉などを］焼く）

14. smell（におい）

15. spell（つづる）

16. spill（こぼす）

17. still（まだ）

18. tell（言う）

19. gull（カモメ）

20. hill（丘）

21. bill（請求書）※または Bill（ビル［人名]）

22. mill（工場、製材所）

トレーニング 2

語尾が ss /s/ で終わっている単語グループ

1. (	)	2. (	)
3. (	)	4. (	)
5. (	)	6. (	)
7. (	)	8. (	)
9. (	)	10. (	)
11. (	)	12. (	)
13. (	)	14. (	)
15. (	)	16. (	)

答え

1. less（〜より少ない）	2. dress（ドレス）
3. fuss（空騒ぎ、心配）	4. class（クラス）
5. toss（放り投げる）	6. mess（乱雑）
7. glass（グラス）	8. pass（通る）
9. brass（真鍮）	10. chess（チェス）
11. boss（上司）	12. moss（苔）
13. loss（紛失）	14. cross（横切る）
15. bliss（至福）	16. kiss（キス）

トレーニング 3

語尾が ff /f/ で終わっている単語グループ

1. (	)	2. (	)
3. (	)	4. (	)
5. (	)	6. (	)
7. (	)	8. (	)
9. (	)	10. (	)

答え

1. puff（[息を] プッと吹く）
3. cuff（[ワイシャツの] 袖口）
5. staff（職員、スタッフ）
7. sniff（においをかぐ）
9. stiff（[筋肉が] 凝った）

2. stuff（もの、こと）
4. off（離れて）
6. cliff（崖）
8. bluff（はったり）
10. buff（愛好家、ファン）

トレーニング 4

 Track **073**

語尾が zz /z/ で終わっている単語グループ

1. (　　　　　　　　　　)
3. (　　　　　　　　　)

2. (　　　　　　　　　　　)

答え

1. fizz（炭酸ガスの）泡
3. buzz（[ハチなどが] ブンブンと音を立てる）

2. jazz（ジャズ）

「母音字＋子音字の重なり」のとき

「母音字」＋「子音字の重なり」のとき、母音字に強いアクセントがあれば その母音字は「フォニックス読み」になる

　さて、子音と母音の学習もこれが最後です。法則④で、重複する子音字は1文字として見なしてよいと学びました。では、どうせ読まないつづり字ならばそもそも必要ないのでは…と思いたくもなりますよね。しかし、それではフォニックスのルールは成り立ちません。例えば、latter（後者）から t を1つ抜いてみましょう。そうすると later、つまり「後で」という意味の副詞に変わります。

latter　　　later

「後者」　　　「後で」

母音字は
フォニックス読み

母音字は
アルファベット読み

　latter（後者　※名詞）と later（後で　※副詞）はワードファミリーですので、意味は似ていなくもないですが、品詞はまったく異なります。原則として、単語の中で①母音字1つの直後に子音字の重なりが来ると、その母音字はフォニックス読みになり、②母音字1つの直後に子音字が1つだけあるときはアルファベット読みになるのです。latter は①に該当して「ラタァー」になり、later は②に当てはまって「レィター」になるというわけです。このように、重ね字は直前の母音字に"フォニックス読みをするように"と命令を出しているのです。なかなかユニークな法則だと思いませんか。前述の法則④のリスニング・トレーニング（p. 103–）で練習した単語をもう一度見てください。母音字はほぼどれもフォニックス読みになっています。これは単なる偶然ではなく、文字と音の規則性によるものなのです。（※-oss の o は「オース」と母音が伸びることがあるので、これは準ルールとします）

では、「子音字の重なり」か「子音字1つ」かによって音が変わるペアから聞いてみましょう。数はそう多くありませんが、つづり字の世界をより深く理解する上で大きな役目を果たすことになるでしょう。(そして、そう願っております!)

リスニング・トレーニング

トレーニング 1

最初に、語中の子音字が2つの単語、次に同じ子音字が1つだけの単語が読まれますので、聞こえた語を(　　　　　　)に書きましょう。latter と later といったように母音の異なる単語の聞き取り練習です。

母音字 + | 同じ子音字が2つ | ➡ フォニックス読み

母音字 + | 子音字が1つ | ➡ アルファベット読み

つづり字
nn pp tt / n p t

---

① 子音字の重ね有り　　　② 子音字の重ね無し
<母音字:フォニックス読み>　<母音字:アルファベット読み>

1. (　　　　　) ― (　　　　　)
2. (　　　　　) ― (　　　　　)
3. (　　　　　) ― (　　　　　)
4. (　　　　　) ― (　　　　　)
5. (　　　　　) ― (　　　　　)
6. (　　　　　) ― (　　　　　)
7. (　　　　　) ― (　　　　　)
8. (　　　　　) ― (　　　　　)
9. (　　　　　) ― (　　　　　)

1. bitter（苦い）　　　　　　　　　　biter（餌などにくいつく魚、動物）

2. copping（cop［つかまえる］の進行形）　coping（cope［うまく対処する］の進行形）

3. cutter（カッター、裁断機）　　　　cuter（cute［かわいい］の比較級）

4. dinner（夕食）　　　　　　　　　　diner（食事客）

5. hatter（帽子店）　　　　　　　　　hater（特定のことを嫌う人）

6. hopping（hop［はねる］の進行形）　hoping（hope［望む］の進行形）

7. latter（後者）　　　　　　　　　　later（後で）

8. fitter（機械の組立工）　　　　　　fighter（戦う人）※ gh は読みません。

9. litter（ごみ、くず）　　　　　　　lighter（light［軽い］の比較級）

※ gh は読みません。

トレーニング 2

● Track 075

　この他にも子音字の重なりを含む単語があります。主なつづり字は dd, pp, rr, tt, mm, nn ですが、いずれも 1 つの子音字として見なされ、語中や語尾に現れます。では、聞こえた単語を（　　）に記入しましょう。

母音字 ＋ | 同じ子音字が 2 つ | ➡ フォニックス読み

つづり字

bb　dd　pp　rr　tt　mm　nn

---

1. (　　　　　　　　)　　2. (　　　　　　　　　　)

3. (　　　　　　　　)　　4. (　　　　　　　　　　)

5. (　　　　　　　　)　　6. (　　　　　　　　　　)

7. (　　　　　　　　)　　8. (　　　　　　　　　　)

9. (　　　　　　　　)　　10. (　　　　　　　　　　)

11. (　　　　　　　　)　　12. (　　　　　　　　　　)

13. (　　　　　　　　)　　14. (　　　　　　　　　　)

15. (　　　　　　　　)　　16. (　　　　　　　　　　)

17. (　　　　　　　　)　　18. (　　　　　　　　　　)

19. (   )   20. (   )
21. (   )   22. (   )

答え

1. sudden（突然）   2. odd（奇妙な）
3. buddy（ヤツ、男）   4. app（アプリ）
5. rabbit（ウサギ）   6. cotton（綿）
7. yummy（おいしい）   8. matter（問題）
9. puppy（子犬）   10. cunning（ずるい）
11. butter（バター）   12. berry（ベリー）※イチゴなどの小果実のこと。
13. knitter（編み手）   14. comma（コンマ、読点）
　※ kn-（接頭語）のkは読みません。
15. shopping（ショッピング）   16. lobby（ロビー）
17. petty（ささいな）   18. mirror（鏡）
19. funny（面白い）   20. tennis（テニス）
21. ferry（フェリー）   22. inn（イン、宿屋）

以上で母音と子音の学習は終わりです。お疲れさまでした！

語句のリスニング

音声変化

Mission

カメレオンのように変化する音のかたまりを攻略せよ！

　Chapter 1 では母音と子音という音の粒子に焦点をあててリスニングのトレーニングを行ってきましたが、ここからはカメレオンのように変化する英語の語句の音声について学んでいきます。巧妙な音のトラップに惑わされないよう、聞き取りのサバイバル術を伝授いたします。

　「get や take などの基本的な単語でさえも、ナチュラルスピードになると聞き取れなくて…」というお悩みをお持ちの方は多いのではないでしょうか。単語自体がわからないわけではない、むしろ意味はよく知っているはずなのに、文の中に入るとなぜか聞き取れなくなってしまう。一体このねじれはどこからやってくるのでしょうか。

▶ 単語は文字通りに読まれるとは限らない

　ネイティブスピーカーの中には、こちらが外国人だとわかると比較的ゆっくりと話してくれる人がいます。そういった理由から空港やホテル、観光地での土産店での英語は比較的聞き取りやすいと言えますが、街に出てリアルな会話を耳にしたとたん、何を言っているのかちんぷんかんぷん、すっかりパニックに陥ってしまった！という経験は誰しもあるのではないでしょうか。実を言うと、彼らは単語の一字一句のすべてを律儀に発音したりはしません。日常的な会話では音が落ちたり、くっついたりするのです。そして、そのような音の変化は英語ネイティブにとってはごくごく当たり前のことで、take it out（取り出す）が「ティキラァゥ」、put it away（片づける）が「プリラゥエイ」になろうが、彼らは確実に音を仕留めることができるのです。英語を第1言語とする話者ですから、そんなのは当たり前と言えば当たり前なのでしょう。無意識レベルにおいて瞬間的に音の判別がつけられるというのは羨ましい限りですが、母語というのはそれほどまでに絶対的な存在なのです。

▶ 日本語にもある音声の変化

　海外で日本語教師の研修を受けていたとき、日本語を勉強中の生徒さんから「せんせい、なぜ日本人は『思います』の『す』を言わないんですか？」という質問を受けたことがあります。聞かれた瞬間はピンと来なかったのですが、改めて声に出して言ってみると、確かに「す」の音が落ちているではありませんか。でもまあ、聞こえないという程度ではないけれど…。実は東京方言では文末の「す」は無声音化する傾向にあります。母音の「う」が落ちて子音の /s/（息）だけが残ってしまうのです。生徒さんにしてみれば「思います」は "o mo i ma su" であるべきなのに、なぜ会話でははっきり「す」を発音しないのか、ずっと疑問に思ってきたそうです。当時は新米の日本語教師だったため質問を一旦持ち帰り、次の授業のときに説明をした記憶がありますが、私たち日本人にしてみれば、文末の「す」が聞こえようが聞こえまいが、それが「思います」であると瞬間的に判断することができますし、そもそも母音の脱落などを考えながら会話などしませんよね。しかしながら、学習者にとっては一大事。どんなに聞き取ろうとしても耳に入ってこないのですから…。つまり、**英語であろうと日本語であろうと、リスニングに関して言えば、教科書に書かれていないことが実際の現場では起きているのです。**

▶ "何となく"を減らし、聞き取れる音の分母を増やす

　先の「思います」の「す」は、関西方面では母音を残したまま発音する傾向にあるようですが、日本語のネイティブにしてみれば、関西弁であっても東京弁であっても、特に問題なく何を言っているのか無意識的に、そしてほぼ反射的に理解することができます。母語の力が絶対的なのは"考えなくても"わかるということなのです。もちろん、これは英語のネイティブにも同じことが言えます。自動操縦装置で飛行機が飛ぶように、英語を母語とする人たちも何ら意識することなく母語を操ることができるのです。

　さて、英語リスニングの難しさの1つは、単語や句などが見たままに読まれないという点にあります。これは音声変化によるものなのですが、この変化に対応するには「音法」なる法則が必要となってきます。**音法とは音の法則のことで、リアルな英語を聞き取るためのガイドライン**です。例えば、構文を読み解くには「文法」が必要ですよね。それと同じように、音声をひも解くためには「音法」の理解が不可欠なのです。

① 音の化学変化に対して、ロジカルな判断ができる
→「多分、聞き取れていると思う」という直感的なノリや判断は危険です。なぜ聞き取れないのか？（または、なぜ聞き取れるのか？）という原因と理由を突き止めることなしに、今聞き取れない音がいつか耳に飛び込んでくることはありません。

② "音のつぶし"を行い、聞き取れない音の絶対数を減らすことができる
→ 本書では音の精査を「つぶし」と呼んでいます。音法は音の六法全書です。ルールを用いて、聞き取れない音の分母を減らしていきます。

リスニングメモ

　リスニング力を底上げするには、当然のことながら単語力のアップは不可欠です。まずは1冊ノートを準備しましょう。ノートがない方はこの後すぐに買いに行きましょう。ノートには単語とその意味を書き、例文もつける。単語は文の中にあったほうが暗記しやすいので（文脈が暗記の助けとなるため）、例文の記入は欠かせません。語彙力がついてくることで、それと並行するように聞き取れる単語の数も増えていきます。リスニングとボキャブラリー。この2つの双方向的な学びによって、必ず皆さんのリスニング力は向上していきます。

> 英語には"音の化学変化"が5種類ある

　では、英語にはどのような音の変化があるかを見ていきたいと思います。主要なルールは次の5つです。

①脱落　②連結　③同化　④短縮　⑤弱形

　ナチュラルスピードの会話では、5要素が複雑に絡み合い英語の音そのものを聞き取りにくくしています。要は、私たちの耳がこの複雑さに慣れてしまえばよいのですが、ただ単に英語を聞き流しただけでは決してわかるようにはなりません。なぜ英語が聞き取れないのか？　音声変化のルールを通して、その理由を探していきましょう。

< 5つの音声変化 >

1 **脱落**
音が落ちる

2 **連結**
音がつながる

3 **同化**
音が変わる

4 **短縮**
音が縮まる

5 **弱形**
音が弱まる

「落ちる」「つながる」「変わる」「縮まる」「弱まる」が音声変化の全貌です。5現象がどういうものかがわかるようになれば、聞き取れなかった音が確実に耳に飛び込んでくるようになり、リスニング力は飛躍的に向上します。では、実際にどのような化学変化が起こるのかを見てみましょう。

🔘 Track **076**

---

①脱落

×
She ordered some hot coffee.（= ハッコフィ）

★注目点 → t の音が落ちている
（彼女はホットコーヒーを注文した）

　脱落は音が落ちる現象のことで、スピードのついた会話では「ッ」のように聞こえます。上の例文では、hot の t の部分が脱落箇所にあたります。「では、t はどこへ消えてしまったのか？」と思うかもしれませんが、実はわずかながらも拍が残っているため、完全に姿を消してしまったというわけではないのです。この本では脱落している箇所を「ッ♪」で表しています。

| 聞き取りの攻略 | ➡ **辛うじて残っている「ッ」を仕留める！** |

---

②連結

The train is（= ニズ）**arriving soon.**

★注目点 → n と i の音がつながっている
（電車はまもなく到着します）

　連結は複数の音がつながる現象です。たいていの場合、単語の終わり（語尾）と次の単語の始まり（語頭）のはざまで起こります。上の例文では、train is が連結を起こすと、trai nis のように n が後ろへスライドしてしまいます。これこそが音声変化の正体で、「ニズ」から is を類推できるかどうかが聞き取りのカギとなります。

聞き取りの攻略　━━▶　くっついた「**子音と母音**」のパーツを、ばらばらにほどく！

---

③同化

Please **write your** (= チュア) name here.

★注目点 → t と y が新しい音を作っている

（ここにお名前をご記入ください）

　同化は隣り合う音が影響し合って化学変化を起こし、新しい音を作るものと、どちらかの音に吸収されてしまうものとがあります。同化は y の音にからむものが多いという特徴があり、write your であれば t と y のコンビネーションが新しい音を生み「ライチュア」のように聞こえます。なお、スピーチ中に同化が起きるか起きないかは話し手の無意識レベルでの判断に左右されますが、ぜひとも知っておきたいルールです。

聞き取りの攻略　━━▶　**you** には要注意。音の化学変化が起きる確率が高い！

1 単語のリスニング

2 語句のリスニング

3 文のリスニング

4 総まとめ

He's (= "*his*") from England.

★注目点 → *his* のように聞こえる

(彼はイングランド出身です)

　短縮は主語と動詞の構造上のまとまりで、音声がかなり短くなったり、他の単語のように聞こえたりすることがあります。例えば、he is を短縮形にすると he's ですが、ナチュラルスピードでは *his* のように聞こえてしまうのです。つまり、he's (彼は〜です) も his (彼の) も文の中に入ってしまえばどちらも「ヒズ」なのです。短縮形自体はさほど難しい文法ルールではありませんが、音がくっつき他の単語のように聞こえてしまうこともあるため、同音異義語と見分けることが必要です。

聞き取りの攻略 ➡ 同音異義語化してしまう音のからくりを見破る！

⑤弱形

She was eating a (= ァ) peach.

★注目点 → a が弱く短くなっている

(彼女は桃を食べていた)

　英語の音には「強形」と「弱形」があり、冠詞 (a, an など) や不定形容詞 (some, any など) は機能語と呼ばれ、これらはたいていの場合、文の中では短く弱く発音されてしまいます。特にスピードがついた会話では、a peach は「ア ピーチ」ではなく「ァ ピーチ」に。an も強形では「アーン」ですが、たいていは次に来る母音と n が連結してしまうため「ナ行」に似た音が現れます (an apple が「ァナポゥ」

に聞こえるのはそれが理由です）。このように弱形と他の音声ルールがセットとして現れると、聞き取りの難易度はさらに上がります。

聞き取りの攻略 ➡ 弱くて短い機能語を確実に聞き取る！

音声変化はこんなに起きている！

　音声変化は常に私たちの耳を惑わせます。そして、それは決して高度な文章だけに起こっているわけではないのです。下記は中学1年生レベルの英作文ですが、脱落、連結、同化、短縮、弱形はいくつ起きていると思いますか？

Track **077**

> There's a big tree in the park. I visit there when I'm a little bit tired. I
> look at the tree, and the sun is always shining. Of course, I'm glad to
> be there.

答え

　なんと、脱落6回、連結4回、同化2回、短縮3回、弱形10回、合計で25個もの音声変化が起きているのです。

> There's（短縮）a（弱形）big tree（脱落）in the（弱形・弱形）park. I
> visit there（脱落）when I'm a（連結・短縮・連結・弱形）little bit tired（脱
> 落）. I look at the（連結・脱落・弱形・弱形）tree, and the（弱形・脱落）
> sun is（連結・弱形）always shining（同化）. Of course（弱形・同化），
> I'm（短縮）glad to（脱落・弱形）be there.

・赤い文字は、脱落、連結、同化、短縮のいずれかを表しています。
・グレーの網かけは、弱形を表しています。

語句のリスニング　119

和訳

その公園には大きな木があります。私はちょっとだけ疲れているときにそこを訪れ、木を見ます。そして、太陽はいつも明るく輝いています。もちろん、そこにいると嬉しい気持ちになります。

****

　Chapter 2 では「何となく聞き取れればいい…」ではなく「これが原因で聞き取れなかったんだ」という客観的分析を行います。ただし分析するといっても、何も研究者になるわけではありません。聞き取れない音はたいていの場合、5つのルール＜脱落・連結・同化・短縮・弱形＞のどれかが原因であると考えられます。それらをつぶさに見ていくことがこの章の目的です。聞き取れないものを聞き取れないままに放置していては、いつまで経っても聞き取れるようにはなりません。今こそ重い腰を上げて英語の音と対峙しましょう。外国語ですから一筋縄ではいかないのは当たり前。しかしながら、訓練を積むことで、英語は皆さんの耳にちゃんと応えてくれます。語学の習得は費やした時間数にもれなく比例しますので、信じて取り組んでくださいね。慣れてくればずっしりと重く感じられた足腰も軽やかに、足並みも軽く…気づけば英語リスニング界の俊足王になっていることでしょう！　フォニックス・リスニングのたすきは渡されました。さあ、あとは走り出すだけです。

Lesson 01

脱落

音が落ちる現象

　脱落は、2 つの子音が連続するときに、最初の音が落ちる現象のことを言います。文字としては存在しているにもかかわらず、音がないのですから何とも厄介です。このときの最初の音は破裂音といい、脱落した状態では「ッ」ぐらいにしか聞こえません。なお、ネイティブ同士の会話に耳を澄ませてみると、「これでもか！」というぐらい音が落ちてしまっています。では、文字としてあるはずの音が消えてしまうのはなぜでしょうか。釈然としない疑問が残りますよね。実はこれには合理的な理由があるのです。原則として、脱落は outdoor のように「語中」で、または right time のように「単語と単語の間」で起こるのですが、彼らは英語を話しながらエネルギーの温存を行っているのです。

　例えば、right time は t が連続していますが、この t は同じ音です。どうでしょう、同じ発音が 1 回だけで済むのなら、そのほうが楽だと思いませんか？　実は、この発想が無意識的に話者の口をそうさせているのです。本来であれば right の t のときに舌先で歯茎を一度たたき、time の t のときにもう 1 回たたかなくてはなりません。つまり、本来は舌先が 2 回歯茎にあたるべきなのですが、この工程を 1 回で済ませてしまおうというのが脱落の仕組みなのです。それゆえに right time は「ゥライトタイム」ではなく「ゥライッタイム」となるわけです。

right time

ゥライッタイム

省エネ

舌先を歯茎にあてる回数を減らす

2 回 → 1 回の省エネ活動

もちろんネイティブは意図的に舌の動きを調整しているわけではありませんが、結果的にはそういった省エネ活動が頻繁に行われているのです。

　リスニング力アップには「＋1」がベスト

　今の時代、インターネットを使って、さまざまな学習コンテンツを手に入れることができます。それも多くが無料で配布されていますので、使わない手はありません。ちなみに、「リスニング力を高めるには、何を聞けばよいですか？」という質問を受けることがありますが、常に「＋（プラス）1」をお勧めしています。今のレベルよりも ＋1、つまりちょっとだけ高いものを選ぶということです。初級ならば中級、中級ならば上級というように、ほんの少しだけ学びに負荷をかけるのです。これはスポーツジムで筋肉を鍛えるのとよく似ており、いきなり重量級のバーベルを持ち上げようとすれば腰を痛めてしまうに違いありません。（と言いますか、そもそも持ち上げることすら困難なはずです）

　私は American Council on the Teaching of Foreign Languages（全米外国語教育協会）に所属しており、当協会が開発した OPI テストの公認テスターです。OPI というのは、外国語の口頭運用能力を測定するためのインタビューテストのことで、レベル判定の際に 10 段階（初級3、中級3、上級3、超級1）の基準値を用います。つまり、初級〜上級には「下中上」の3つのサブレベルがあるのです。「＋1」というのは、中であれば上の負荷をかけるということなのですが、ご自身でレベル判定をするのは難しいかもしれません。そこで、英検や TOEIC などの検定試験の受験をお勧めします。算出されたスコアを基準とし、そこからご自身のレベルに合った学習コンテンツを選ぶというのはいかがでしょうか。

破裂音 ＋ 破裂音

最初の破裂音は音が落ち、「ッ」のように聞こえる

▶ カギを握るのは…破裂音

破裂音は口の中の一部を閉じて音を作ることから閉鎖音とも呼ばれています。次の6つが破裂音で、音を伸ばし続けることができません。風船の破裂のような瞬間的な音をイメージしてください。

○ Track **078**

破裂音							
	ペア		ペア			ペア	
つづり字	p	b	c	k	ck	g	t	d
発音記号	/p/	/b/	/k/			/g/	/t/	/d/
特徴	・長さを保てない、瞬間的な音。 ・閉鎖音とも言う。 ・語尾に来ると本来の音は姿を消し、「ッ」のような響きになる。							

※「ペア」は同じ口のかたちで作る音で、無声音（左側の音）と有声音（右側の音）で対をなしています。

※次ページの表の見方
・脱落の箇所では、小さな拍の詰まりが残るため「ッ♪」と表すことにします。
・同様に、語尾に破裂音があるときもその音は脱落し「ッ」のように聞こえますので、あわせて覚えておきましょう。

	音の種類	単語・句	聞こえ方	リスニングのコツ
1	/p/ + 破裂音	map data （地図データ）	マッ♪ディラ	両唇をぴったりつけたpに「ッ♪」が生まれ、dの音が続きます。なお、dataのtは多くの場合（特に米語では）「有音のT」で発音されるため「ディラ」に。
2	/b/ + 破裂音	stop by ... （〜に立ち寄る）	ストッ♪バイ	両唇をぴったりつけたpに「ッ♪」が生まれ、口を閉じたままbの音が続きます。
3	/k/ + 破裂音	walk to ... （〜へ歩く）	ウォーッ♪トッ	喉に舌の後ろをぴったりとつけたkに「ッ♪」が生まれ、tの音が続きます。
4	/g/ + 破裂音	log cabin （丸太小屋）	ロォーッ♪キャビン	喉に舌の後ろをぴったりとつけたgに「ッ♪」が生まれ、舌がくっついたままcの音が続きます。
5	/t/ + 破裂音	outdoor （アウトドア）	アウッ♪ドア	歯茎に舌先をあてたtに「ッ♪」が生まれ、舌先をつけたままdの音が続きます。
6	/d/ + 破裂音	side by side （並んで）	サイッ♪バイ サアイッ♪	歯茎に舌先をあてたdに「ッ♪」が生まれ、bの音が続きます。sideが2つありますので、全体では「ッ♪」は2回です。

※フォニックス・ナビ（phonics navi）について

本書では、b + c などの表示をフォニックス・ナビと呼んでいます。フォニックス・ナビは「語尾＋語頭」および「語中」のインディケーターのこと。音声変化が認められる箇所を＋でつなげることで、音の変化を「見える化」します。聞き取りの際のヒントとしてご活用ください。

（例）k + c　　　　　（book）(case)　　本箱

なお、rose などサイレント E の単語は語尾の e を読みませんので、s で表します。

（例）s + g　　　　　（rose）(garden)　バラの庭

ステップ 1　発音エクササイズ

 Track **080**

脱落している箇所をよく聞き、あとについて発音しましょう。

1. p + b 　　　　　　　　drop back（後退する）
2. b + b 　　　　　　　　scrub brush（たわし、ブラシ）
3. ck + p 　　　　　　　neck pain（首の痛み）
4. g + b 　　　　　　　　tagboat（タグボート）
5. t + d 　　　　　　　　wet day（雨の日）
6. d + t 　　　　　　　　hard time（大変な時）

フォニックス・ナビをヒントに、脱落の音を含む単語を（　　）に書きましょう。

① /p/ および /b/ ＋ 破裂音

フォニックス・ナビ		単語	
1. p + d	(　　　　　　)	(	)
2. p + t	(　　　　　　)	(	)
3. p + g	(　　　　　　)	(	)
4. b + b	(　　　　　　)	(	)
5. b + t	(　　　　　　)	(	)
6. b + t	(　　　　　　)	(	)

答え

1. tap dance　（タップダンス）
2. ship tea　（お茶を出荷する）
3. lip gloss　（リップグロス）
4. job bank　（人材バンク）
5. tube top　（チューブトップ）※袖なし、肩ひもなしの女性用のシャツ
6. club team　（クラブチーム）

② /k/ および /g/ ＋ 破裂音　　　　　　　　● Track **082**

フォニックス・ナビ		単語	
1. ck + b	(　　　　　　)	(	)
2. k + c	(　　　　　　)	(	)
3. ck + g	(　　　　　　)	(	)
4. gg + p	(　　　　　　)		) ※1語です。
5. g + c	(　　　　　　)	(	)
6. g + t	(　　　　　　)	(	)

1. thick book　（厚い本）
2. bank clerk　（銀行員）
3. rock garden　（ロックガーデン）
4. eggplant　（ナス）
5. dog collar　（犬の首輪）
6. big time　（とても楽しい時間）

③ /t/ および /d/ ＋ 破裂音　　　　　　　　　　　　Track 083

フォニックス・ナビ　　　　　　　　　　　　単語

1. t + c	(　　　　　)	(　　　　　)
2. t + d	(　　　　　)	(　　　　　)
3. t + t	(　　　　　) -	(　　　　　)
4. d + b	(　　　　　)	(　　　　　)
5. d + c	(　　　　　)	(　　　　　)
6. dd + g	(　　　　　)	(　　　　　)

1. hermit crab　（ヤドカリ）
2. hot dog　（ホットドック）
3. night-time　（夜間）
4. bad back　（腰痛）
5. red card　（レッドカード）
6. odd gloves　（片方の手袋）

脱落の音を含む単語を （　　） に書き、文を完成させましょう。

1. (　　　　　　　) (　　　　　　　　　　　) when you're around.
2. The new (　　　　　　) - (　　　　　　　　) neighbor is very quiet.
3. How often does the art exhibition (　　　　　　) (　　　　　)?
4. Don't turn the box (　　　　　　) (　　　　　).
5. Are you going to (　　　　　　) (　　　　　　) the store?
6. It was (　　　　) (　　　　　　) be true.
7. (　　　　　) (　　　　　　) to me.
8. I hope you'll (　　　　　) (　　　　　) soon.
9. We'll (　　　　　) (　　　　　　) your decision.
10. Have you read the (　　　　　) (　　　　　　) chapters?

答え

1. (Drop) (by) when you're around.
   近くに来たら寄ってね。

2. The new (next) - (door) neighbor is very quiet.
   新しくやって来た隣の住民はとても静かだ。

3. How often does the art exhibition (take) (place)?
   どれくらいの頻度でアート展覧会が開かれますか？

4. Don't turn the box (upside) (down).
   その箱をひっくり返さないで。

5. Are you going to (walk) (to) the store?
   お店まで歩いて行きますか？

6. It was (said) (to) be true.
   それは真実だと言われていた。

7. (Write) (back) to me.
   返事を書いてね。

8. I hope you'll (get) (better) soon.
   すぐに良くなりますように。

9. We'll (stand) (by) your decision.
   あなたの決断を支持します。

10. Have you read the (last) (two) chapters?
    最後の2章は読んだ？

破裂音 ＋ 摩擦音

破裂音は音が落ち、「ッ」のように聞こえる

▶ カギを握るのは…摩擦音

　英語の摩擦音は全部で９つあり、h 以外はペアの音です。破裂音に摩擦音が続くと破裂音は「ッ」になります。摩擦音はその名の示す通り、衣擦れのような擦れた音色を持っています。なお、him や her の h は文の中では音が落ち「ィム」や「ア」のように聞こえることがあります。（※詳しくは、弱形のルール②の p. 243 をご覧ください）

Track **085**

摩擦音								
	ペア		ペア		ペア		ペア	
つづり字	f	v	s	z	息の TH	声の TH	sh	si, su	h
発音記号	/f/	/v/	/s/	/z/	/θ/	/ð/	/ʃ/	/ʒ/	/h/
特徴	・息が続く限り、音を伸ばすことができる。 ・擦れたような音色。 ・/h/ は単独で音が落ちることがある。 ・/ʒ/ はほとんどの場合、語中または語尾に現れる。								

※次ページの表の見方
・/h/ は他の摩擦音とは異なる特徴があるため、ここでは取り上げていません。（たいていの場合、語頭の /h/ は hat や hill のように母音の前に来るのですが、このときの /h/ の口の構えは母音のそれと同じになってしまいます）

	音の種類	単語・句	聞こえ方	リスニングのコツ
1	/p/ + 摩擦音	chopsticks（箸）	チョッ♪スティックス	両唇をぴったりつけたpに「ッ♪」が生まれ、sの音が続きます。なお、語尾のcks /ks/ は子音の連結ですので一気に読みます。
2	/b/ + 摩擦音	substitute（代わりの人・もの）	サッ♪スティチューッ♪	両唇をぴったりつけたbに「ッ♪」が生まれ、sの音が続きます。
3	/k/ + 摩擦音	duck family（カモ科）	ダッ♪ファミリィ	喉に舌の後ろをぴったりとつけたckに「ッ♪」が生まれ、fの音が続きます。ck faの箇所は日本語発音風の「クファ」ではありません。
4	/g/ + 摩擦音	big fan（大ファン）	ビッ♪ファン	喉に舌の後ろをぴったりとつけたgに「ッ♪」が生まれ、fの音が続きます。こちらもg faは「グファ」にはなりません。
5	/t/ + 摩擦音	pet shop（ペットショップ）	ペッ♪ショッ♪	歯茎に舌先をあてたtに「ッ♪」が生まれ、shの音が続きます。なお、shopのpも破裂音ですので「ッ♪」になっています。
6	/d/ + 摩擦音	aid for ...（～への支援）	エィッ♪フォ	歯茎に舌先をあてたdに「ッ♪」が生まれ、fの音が続きます。

ステップ1　発音エクササイズ　　　　　　　　　　　　　　　　🔵 Track 087

脱落している箇所をよく聞き、あとについて発音しましょう。

1. p + s	help screen（ヘルプスクリーン）
2. b + sh	bulb-shaped（電球型の）
3. k + sh	work-shy（仕事嫌いの）
4. g + s	big star（大スター）
5. t + f	at first（最初は）
6. d + f	tired from ...（～にうんざりした）

ステップ2　単語の聞き取りクイズ　　　　　　　　　　　　　　🔵 Track 088

フォニックス・ナビをヒントに、脱落の音を含む単語を（　　）に書きましょう。

① /p/ および /b/ + 摩擦音

フォニックス・ナビ			単語		
1. p + f	（	）（	）		
2. p + s	（	） ※1語です。			
3. p + v	（	）（	）		
4. b + f	（	）（	）		
5. b + s	（	）（	）		
6. b + z	（	） - （	）		

答え

1. top floor　（最上階）
2. lipstick　（口紅）
3. deep valley　（深い渓谷）
4. cab fare　（タクシー運賃）
5. job seeker　（求職者）
6. sub-zero　（氷点下の）

② /k/ および /g/ ＋ 摩擦音

Track **089**

フォニックス・ナビ	単語	
1. k + s	( )	( )
2. k + sh	( )	( )
3. ck + th	( )	( )
4. g + f	( )	( )
5. g + f	( )	( )
6. g + z	( )	※1 語です。

答え

1. meek smile　（柔和な笑顔）
2. talk show　（トークショー）
3. back then　（そのとき）
4. big fight　（大試合）
5. log fire　（薪火）
6. zigzag　（ジグザグ）

③ /t/ および /d/ ＋ 摩擦音

フォニックス・ナビ	単語	
1. t + s	(　　　　　　　)	(　　　　　　　)
2. t + s	(　　　　　　　)	(　　　　　　　)
3. t + th	(　　　　　　　)	(　　　　　　　)
4. d + s	(　　　　　　　)	※1語です。
5. d + v	(　　　　　　　)	(　　　　　　　)
6. d + th	(　　　　　　　)	(　　　　　　　)

答え

1. best season 　（ベストシーズン）
2. hot spring 　（温泉）
3. art theater 　（芸術劇場）
4. bedspread 　（ベッドカバー）
5. good value 　（お値打ち品）
6. bad thought 　（ひどい考え）

ステップ3　文の聞き取りクイズ

脱落の音を含む単語を（　　）に書き、文を完成させましょう。

1. Nick Taylor has become a (　　　　　　　) (　　　　　　　).
2. What does BBC (　　　　　　) (　　　　　　)?
3. It's OK to (　　　　　　) (　　　　　　) help.
4. I'm looking for some (　　　　　　) (　　　　　　) to Europe.
5. That was a (　　　　　　) (　　　　　　)!
6. Mine is (　　　　　　) (　　　　　　) yours.
7. I (　　　　　　) (　　　　　　) your success.
8. It doesn't (　　　　　　) (　　　　　　).
9. Jack calls me every day (　　　　　　) (　　　　　　).
10. Put the book back on the (　　　　　　) (　　　　　　).

答え

1. Nick Taylor has become a (pop) (star).

   ニック・テイラーはポップスターになった。

2. What does BBC (stand) (for)?

   BBC は何の略？

3. It's OK to (ask) (for) help.

   助けを求めてもいいんだよ。

4. I'm looking for some (cheap) (flights) to Europe.

   ヨーロッパへの格安航空券を探しています。

5. That was a (superb) (view)!

   あれはすばらしい景色だった！

6. Mine is (different) (from) yours.

   私のは君のとは違う。

7. I (hope) (for) your success.

   成功を祈ります。

8. It doesn't (make) (sense).

   それは理にかなっていない。

9. Jack calls me every day (without) (fail).

   ジャックは毎日欠かさず私に電話をする。

10. Put the book back on the (top) (shelf).

    本を棚の一番上に戻しておいて。

破裂音 ＋ 破擦音
破裂音は音が落ち、「ッ」のように聞こえる

▶ カギを握るのは…破擦音

　聞き慣れない単語かもしれませんが、読んで字の如く「**破裂**」と「摩**擦**」の両方の特徴を備えた音です。破擦音は擦れたような音色を持ちつつも、音を伸ばし続けることができません。なお、tr と dr も破擦音のグループに入れてありますが、この2つはカタカナ英語の音とはまったく違う響きを持っています。日本人にとっては発音もさることながら、聞き取りの難しい音と言えるでしょう。

🔘 Track **092**

破擦音				
	ペア			
つづり字	ch	j, やわらかいG	tr	dr
発音記号	/tʃ/	/dʒ/	/tr/ = /tʃ + r/	/dr/ = /dʒ + r/
特徴	・破裂音と摩擦音の両方の特徴を備えている。 ・擦れたような音色を持つ一方、音の保持ができない。		・音の化学変化が起き、破擦音のように響く。	

	音の種類	単語・句	聞こえ方	リスニングのコツ
1	/p/ + 破擦音	hip joint （股関節）	ヒッ♪ジョイ ンッ♪	両唇をぴったりつけたp に「ッ♪」が生まれ、j の音が続きます。なお、jointの語尾にも破裂が起こりtも詰まった「ッ」に聞こえます。
2	/b/ + 破擦音	subject （科目）	サッ♪ジェクッ ♪	両唇をぴったりつけたbに「ッ♪」が生まれ、jの音が続きます。日本語では「サブジェクト」と言いますが、英語では「ッ♪」が2回も起きているため、まるで違う単語のように聞こえます。
3	/k/ + 破擦音	take charge （担当する）	ティッ♪チャー ジ	喉に舌の後ろをぴったりとつけたkに「ッ♪」が生まれ、chの音が続きます。
4	/g/ + 破擦音	drug trial （治験）	ドラッ♪チョ ライァゥ	喉に舌の後ろをぴったりとつけたgに「ッ♪」が生まれ、trの音が続きます。なお、trの音をつづり字で表すと*chr*です。
5	/t/ + 破擦音	fat chance （可能性がほ ぼない）	ファッ♪チャン ス	歯茎に舌先をあてたtに「ッ♪」が生まれ、chの音が続きます。
6	/d/ + 破擦音	red dragonfly （赤とんぼ）	ウレッ♪ドラゴ ンフライ	歯茎に舌先をあてたdに「ッ♪」が生まれ、drの音が続きます。なお、drの音をつづり字で表すと*jr*です。

　脱落している箇所をよく聞き、あとについて発音しましょう。

1. p + j	grape juice（グレープジュース）
2. b + j	dub Japanese movies
	（日本映画の吹き替えをする）
3. ck + dr	black dress（黒いドレス）
4. g + ch	big change（大きな変化）
5. t + dr	test-drive（試乗する）
6. d + tr	stand trial on ...（〜の裁判を受ける）

　フォニックス・ナビをヒントに、脱落の音を含む単語を（　　）に書きましょう。

① /p/ および /b/ ＋ 破擦音

フォニックス・ナビ　　　　　　　　　　　単語

1. p + t	（	）	※1語です。
2. p + tr	（	）（	）
3. p + dr	（	）（	）
4. b + dr	（	）（	）
5. b + j	（	）	※1語です。
6. b + g	（	）（	）

1. capture　（捕らえる）※この t の音は /tʃ/ です。
2. ship track　（航跡）
3. cop drama　（警察ドラマ）
4. cab driver　（タクシー運転手）
5. object　（目的）
6. cube geometry　（立方体の形状）

② /k/ および /g/ ＋ 破擦音　　　● Track 096

フォニックス・ナビ		単語	
1. c + j	(	) (	)
2. c + tr	(	) (	)
3. ck + ch	(	) (	)
4. k + dr	(	) (	)
5. g + ch	(	) (	)
6. g + j	(	) (	)

1. traffic jam　（交通渋滞）
2. public transport　（公共輸送）
3. deck chair　（デッキチェア）
4. Greek drama　（ギリシャ劇）
5. big chance　（大きなチャンス）
6. fig jam　（イチジクのジャム）

③ /t/ および /d/ + 破擦音

フォニックス・ナビ	単語	
1. t + ch	(	) (	)
2. t + j	(	) (	)
3. t + tr	(	) (	)
4. d + ch	(	) (	)
5. d + j	(	) (	)
6. d + dr	(	) (	)

答え

1. goat cheese （ヤギのチーズ）
2. private jet （プライベートジェット）
3. boat trip （船旅）
4. wide choice （幅広い選択肢）
5. tweed jacket （ツイードジャケット）
6. red dress （赤いドレス）

ステップ 3 文の聞き取りクイズ

脱落の音を含む単語を（　　）に書き、文を完成させましょう。

1. The boss gave me a (　　　　　　) (　　　　　　).
2. We had a (　　　　　) (　　　　　　) to Vienna.
3. I had a (　　　　　) (　　　　　).
4. The (　　　　　) (　　　　　　) was quite good.
5. You should stay away from the (　　　　) (　　　　　).
6. (　　　　　) (　　　　　)!
7. How about some (　　　　　) (　　　　　)?

1. The boss gave me a (second) (chance).

   上司はもう一度チャンスをくれた。

2. We had a (fantastic) (trip) to Vienna.

   ウィーンですばらしい旅をしました。

3. I had a (weird) (dream).

   変な夢を見た。

4. The (romantic) (drama) was quite good.

   その恋愛ドラマは、なかなかよかった。

5. You should stay away from the (tourist) (traps).

   あの観光客向けのお店は避けたほうがいいよ。

6. (Good) (try)!

   よく頑張ったね。

7. How about some (cold) (drinks)?

   冷たいお飲み物はいかがですか。

破裂音 ＋ 鼻音
破裂音は音が落ち、「ッ」のように聞こえる

> カギを握るのは…鼻音

　鼻音は鼻から声が抜ける音です。ハミングをイメージするとわかりやすいと思います。mとnの音は「ム」と「ヌ」ですが、語中や語尾では「ン」に聞こえることがあります。なお、ngは2文字ですが音は1つですので、2字1音と呼ばれています。

Track **099**

鼻音			
つづり字	m	n	ng
発音記号	/m/	/n/	/ŋ/
特徴	・声が鼻に抜ける。 ・mとnは「ム」「ヌ」の他に、語中や語尾では「ン」になることがある。 ・ngのつづり字は2字1音。 ・ngのつづり字は語頭には現れない。		

※次ページの表の見方
・ng のつづり字は語頭には来ないので、ここでは m と n で始まる単語を取り上げています。

	音の種類	単語・句	聞こえ方	リスニングのコツ
1	/p/ + 鼻音	top manager (最高経営者)	タッ♪マニ ジャァ	両唇をぴったりつけたpに「ッ♪」が生まれ、口を閉じたままmの音が続きます。 ※p, bそしてmは唇を貝のように閉じます。
2	/b/ + 鼻音	job market (求人市場)	ジョッ♪マー キッ♪	両唇をぴったりつけたpに「ッ♪」が生まれ、そのままmの音が続きます。
3	/k/ + 鼻音	back number ([雑誌などの]バックナンバー)	バッ♪ナンバァ	喉に舌の後ろをぴったりとつけたckに「ッ♪」が生まれ、nの音が続きます。
4	/g/ + 鼻音	big match (大試合)	ビィーッ♪マッ チ	喉に舌の後ろをぴったりとつけたgに「ッ♪」が生まれ、mの音が続きます。bigのgは有声音のため、その影響を受けて母音はやや長めに聞こえます。
5	/t/ + 鼻音	silent night (静かな夜)	サィレンッ♪ナ イッ♪	歯茎に舌先をあてたtに「ッ♪」が生まれ、舌をつけたままnの音が続きます。 ※tとd、そしてnは舌先を歯茎にあてます。
6	/d/ + 鼻音	gold medal (金メダル)	ゴーゥッ♪メ ダゥ	歯茎に舌先をあてたdに「ッ♪」が生まれ、mの音が続きます。なお、goldのlは「ゥ」のように聞こえます。

ステップ 1　発音エクササイズ　　　　　　　　 ● Track **101**

<u>脱落している箇所</u>をよく聞き、あとについて発音しましょう。

1. p + m	rap music（ラップミュージック）
2. b + m	Bob Marley（ボブ・マーリー）
	※ジャマイカのレゲエミュージシャン
3. k + n	dark night（闇夜）
4. g + n	pug nose（しし鼻）
5. t + n	right now（今すぐに）
6. d + m	band member（バンドメンバー）

ステップ 2　単語の聞き取りクイズ　　　　　　　● Track **102**

フォニックス・ナビをヒントに、脱落の音を含む単語を（　　）に書きましょう。

① /p/ および /b/ ＋ 鼻音

フォニックス・ナビ　　　　　　　　　　　　単語

1. p + m	（　　　　　）（　　　　　　　）	
2. p + n	（　　　　　）-（　　　　　　　）	
3. p + n	（　　　　　）（　　　　　　　）	
4. b + m	（　　　　　）（　　　　　　　）	
5. b + m	（　　　　　　　　　　　） ※1語です。	
6. b + m	（　　　　　）（　　　　　　　）	

答え

1. pop music （ポップミュージック）
2. top-notch （一流の）
3. shop name （店名）
4. club member （クラブメンバー）
5. submarine （潜水艦）
6. herb medicine （ハーブ薬）

② /k/ および /g/ ＋ 鼻音

Track 103

フォニックス・ナビ			単語	
1. k + m	(		)	※1語です。
2. k + n	(	) (	)	
3. t + n	(		)	※1語です。
4. g + m	(	) (	)	
5. gg + n	(	) (	)	
6. g + n	(	) (	)	

答え

1. bookmark （しおり）
2. look new （新品に見える）
3. catnap （一眠り）
4. big mouth （口の軽い人）
5. egg noodle （たまご麺）
6. stag night （独身さよならパーティー）※ bachelor party とも言います。

③ /t/ および /d/ + 鼻音

フォニックス・ナビ	単語	
1. t + m	(	) (	)
2. t + m	(	) (	)
3. t + n	(	) (	)
4. d + n	(	) (	)
5. d + n	(	) (	)
6. d + n	(	) ※1語です。

答え

1. get married （結婚する）
2. stunt man （スタントマン）
3. last name （名字）
4. cloud nine （至福）
5. head north （北を目指す）
6. midnight （真夜中）

ステップ3 文の聞き取りクイズ

脱落の音を含む単語を（　　　）に書き、文を完成させましょう。

1. (　　　　　) (　　　　　　　) best friend.
2. We were surprised to hear the (　　　　　) (　　　　　　).
3. I must text Jane, so don't (　　　　　) (　　　　　　) forget.
4. Can I (　　　　　) (　　　　　) off?
5. How did he get to know the (　　　　　) (　　　　　)?
6. I think about her day (　　　　　) (　　　　　).
7. (　　　　　) (　　　　　).
8. (　　　　　) (　　　　　) some coffee, will you?
9. She hasn't (　　　　　) (　　　　　　).
10. I forgot to record the program (　　　　　) (　　　　　).

146

1. (Meet) (my) best friend.
   私の親友に会ってね。

2. We were surprised to hear the (big) (news).
   その大ニュースを聞いてびっくりした。

3. I must text Jane, so don't (let) (me) forget.
   ジェーンにメッセージを送らないといけないから、忘れずに教えて。

4. Can I (take) (Monday) off?
   月曜日にお休みをもらえますか。

5. How did he get to know the (big) (name)?
   あの大物とどうやって知り合ったの？

6. I think about her day (and) (night).
   明けても暮れても彼女のことばかり考えている。

7. (Good) (night).
   おやすみなさい。

8. (Get) (me) some coffee, will you?
   コーヒーを持ってきてくれる？

9. She hasn't (changed) (much).
   彼女はあまり変わっていない。

10. I forgot to record the program (last) (night).
    昨晩、番組を録画するのを忘れた。

破裂音 ＋ /l/
破裂音は音が落ち「ッ」のように聞こえる

▶ **カギを握るのは…明るいL**

　lの音には「明るいL」と「暗いL」（p. 34）があり、脱落は明るいLのときに起こります。明るいLは1字つづりの子音（p. 29）で習った /l/ のことで、舌先を歯茎にあて、スタッカートのように「ルッ」と発音されます。なお、tとd、そしてlは発音されるとき、舌先はいずれも歯茎にあたります。

🔵 Track **106**

	音の種類	単語・句	聞こえ方	リスニングのコツ
1	/p/ + l	cheap labor（低賃金労働）	チーッ♪レイバァ	両唇をぴったりつけたpに「ッ♪」が生まれ、lの音が続きます。
2	/b/ + l	verb list（動詞のリスト）	ヴァーッ♪リスッ♪	両唇をぴったりつけたbに「ッ♪」が生まれ、lの音が続きます。なお、verbのerは「ウ」と「ア」を足して割った音で、くぐもった響きを持っています。

3	/k/ + l	public lecture（公開授業）	パブリッ♪レクチャ	喉に舌の後ろをぴったりとつけたgに「ッ♪」が生まれ、lの音が続きます。なお、publicとlectureのlはどちらも「明るいL」ですので、クリアで際立った音を放ちます。
4	/g/ + l	big letter（大文字）	ビィッ♪レラァ	喉に舌の後ろをぴったりとつけたgに「ッ♪」が生まれ、lの音が続きます。letterのtが有音化され「ラ」になっています。
5	/t/ + l	street lamp（街灯）	スチュゥリーッ♪ランッ♪	歯茎に舌先をあてたtに「ッ♪」が生まれ、舌をつけたままlの音が続きます。strの音を文字で表すとschrになります。
6	/d/ + l	boiled lobster（茹でたロブスター）	ボィゥッ♪ラブスタァ	歯茎に舌先をあてたdに「ッ♪」が生まれ、lの音が続きます。なお、boiledのlは「ゥ」のように聞こえます。

Track **107**

脱落している箇所をよく聞き、あとについて発音しましょう。

1. p + l	drop litter（ゴミを捨てる）
2. b + l	superb lunch（すばらしいランチ）
3. ck + l	thick lenses（厚いレンズ）
4. g + l	big lake（大きな湖）
5. t + l	elegant lady（エレガントな女性）
6. d + l	good luck（幸運）

Track **108**

フォニックス・ナビをヒントに、脱落の音を含む単語を（　　）に書きましょう。

① /p/ および /b/ ＋ /l/

フォニックス・ナビ　　　　　　　　　　　単語

1. p + l	（　　　　　）（　　　　　）	
2. p + l	（　　　　　）（　　　　　）	
3. p + l	（　　　　　　　　　　　　）	※ 1 語です。
4. b + l	（　　　　　）（　　　　　）	
5. b + l	（　　　　　）（　　　　　）	
6. b + l	（　　　　　）（　　　　　）	

1. group leader　（グループリーダー）
2. keep left　（左側通行）
3. stepladder　（脚立）
4. crab leg　（蟹の足）
5. herb lawn　（ハーブの芝）
6. shrub layer　（低木層）

② /k/ および /g/ ＋ /l/

● Track **109**

フォニックス・ナビ		単語	
1. c + l	(	) (	)
2. ck + l	(	) (	)
3. k + l	(	) (	)
4. k + l	(	) (	)
5. g + l	(	) (	)
6. g + l	(	) (	)

1. electric lamp　（電球）
2. sick leave　（病欠）
3. take lessons　（授業を受ける）
4. bank loan　（銀行ローン）
5. bag lunch　（持参のランチ弁当）
6. dog lover　（大の犬好き）

③ /t/ および /d/ + /l/

フォニックス・ナビ		単語	
1. t + l	(	) (	)
2. t + l	(	) (	)
3. t + l	(	) (	)
4. d + l	(	) (	)
5. d + l	(	) (	)
6. d + l	(	) - (	) day

答え

1. jet lag　（時差ぼけ）
2. private land　（私有地）
3. weight loss　（減量）
4. bad luck　（不運）
5. kind lady　（親切な女性）
6. red-letter day　（記念日）※カレンダーに赤色で祝日を印すことから

ステップ 3　文の聞き取りクイズ

脱落の音を含む単語を（　　）に書き、文を完成させましょう。

1. My (　　　　) (　　　　　　　) is Spanish.
2. You (　　　　　) (　　　　　　　) an idiot today!
3. She was my (　　　　　) (　　　　　).
4. Kate kept working throughout her (　　　　　) (　　　　　).
5. Why did you allow your pet parrot to (　　　　) (　　　　　)?
6. You shouldn't (　　　　) (　　　　) hours.
7. I want you to make a (　　　　) (　　　　　).
8. It doesn't (　　　　) (　　　　　) fun to me.
9. More (　　　　) (　　　　　) are forecast according to the report.
10. It won't (　　　　) (　　　　).

答え

1. My (first) (language) is Spanish.

   私の第1言語はスペイン語です。

2. You (look) (like) an idiot today!

   今日の君、とてもヘンに見えるけど！（服装など）

3. She was my (first) (love).

   彼女は僕の初恋の人だった。

4. Kate kept working throughout her (married) (life).

   ケートは結婚生活の間、働きずくめだった。

5. Why did you allow your pet parrot to (get) (loose)?

   なぜ、ペットのインコを逃がしちゃったの？

6. You shouldn't (keep) (late) hours.

   夜更かししちゃだめだよ。

7. I want you to make a (guest) (list).

   君にお客様リストを作ってもらいたい。

8. It doesn't (sound) (like) fun to me.

   あまり面白くなさそうだ。

9. More (job) (losses) are forecast according to the report.

   報告によると、さらなる雇用の損失が予想されている。

10. It won't (last) (long).

    そんなに長くはかかりません。

連結

語と語の間で、音がくっつく現象

　連結は子音と母音が連続したとき、それらがくっついて新しい音を作る現象です。ひとたび連結が起こると、違う単語に聞こえてしまうことがよくあるため、耳はパニック、大慌てです。「音と音がくっつく」と聞けば、何かしらの音のピースが残りそうなものですが、連結には本来のかたちをまるごと変えてしまう強大なパワーがあります。例えば「ワィピィロォフ」は何のことかわかりますか？　これはテーブルなどの汚れを「ふき取る」という意味の wipe it off です。p と i, t と o がくっついてしまっている状態ですが、もはや「ワイプとイットとオフはどこへ行った…？？」などと悠長に構えている余裕もヒマもありません。同様に「ティキラウェイ」は take it away、「ガリッ」は got it、an exam にいたっては an の a がほぼ聞こえず「ネグザム」となり、完全なるストレンジャー（見知らぬ人）状態です。

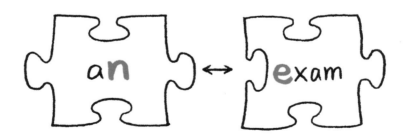

子音と母音がくっつき…

ネグザム！

連結に対するリスニング攻略は、聞き取れない音をいかにして消し込んでいくか、減らしていくかにかかっています。私はこれを「つぶす作業」と呼んでいるのですが、英語の聞き取りには想像力などはまったく必要なく、地道で堅実な「つぶしの経験値」がすべてなのです。ひたすら訓練あるのみ。何回聞いても聞き取れなかった「ワイピィロォフ」もひとたび「つぶし」に成功すると、ちゃんと wipe it off に聞こえるから不思議です。

　また、連結が聞き取れる人は、その音を書き取ること（ディクテーション）ができます。連結において単語はピースであり、くっついた音を切り離せるかどうかが聞き取りの分かれ道です。実際には、リスニングをしながら音の切り離し作業を行うわけではありませんが、本来のピースが何であるかがわかっていれば、文字にすることもできるはず。ワイピィロォフと聞いて wipe と it と off に分解できたなら「つぶし」は成功です。つまり、連結はジグゾーパズルの要領にとてもよく似ているのです。

破裂音 ＋ 母音

破裂音と母音が隣り合うと、音がくっつく

　語と語の間で子音と母音がつながっているとき、日本語の五十音を頼りに音の推測を行うことが可能です。もちろん、日本語とまったく同じというわけではありませんが、似ている音を母語のストックから引き出すことによって、英語の聞き取りがずいぶんと楽になります。

　なお、/t/ と母音の連結は「タ行」と似た音になるのですが、「有音の T」で発音する人もいますので、その場合は「ラ行」のように響きます。

> 破裂音の連結では「パ行」「バ行」「カ行」「ガ行」「タ行」「ダ行」と
> 似た音が現れる！

🔘 Track **112**

	音の種類	単語・句	聞こえ方	リスニングのコツ
1	/p/ + 母音	keep out（立ち入り禁止）	キーパゥッ♪	母音と連結することで、語と語の間に「パ行」に似た音が現れます。
2	/b/ + 母音	bob up（ひょっこり現れる）	ボォバッ♪	母音と連結することで、語と語の間に「バ行」に似た音が現れます。

3	/k/ + 母音	make a decision（決断する）	メイカデスィジョン	母音と連結することで、語と語の間に「カ行」に似た音が現れます。なお、decisionのように多音節の単語（長い単語）は、音のヒントが多いため、意味を知っていることが前提になりますが、聞き取りやすい傾向にあります。
4	/g/ + 母音	dog-eared（［紙・ページの］角が折れた）	ドッ♪ギァーッ♪	母音と連結することで、語と語の間に「ガ行」に似た音が現れます。
5	/t/ + 母音	eat out（外食する）	イーラウッ♪	母音と連結することで、語と語の間に「タ行」に似た音が現れます。なお、収録音源ではeatのtは「有音のT」で発音されています。
6	/d/ + 母音	depend on ...（〜に頼る）	ディペンダン	母音と連結することで、語と語の間に「ダ行」に似た音が現れます。

発音エクササイズ　　　　　　　　　　　　　　🔘 Track **113**

連結している箇所をよく聞き、あとについて発音しましょう。

1. p + ou　　　　　　　　　　step out（外へ出る）
2. b + a　　　　　　　　　　grab a cup（カップをつかむ）
3. ck + i　　　　　　　　　　check in（チェックイン）
4. g + o　　　　　　　　　　tug of war（綱引き）
5. t + a　　　　　　　　　　get away（逃げる）
6. d + i　　　　　　　　　　succeed in ...（〜に成功する）

　単語の聞き取りクイズ　　　　　　　　🔘 Track **114**

フォニックス・ナビをヒントに、連結の音を含む単語を（　　）に書きましょう。

① /p/ および /b/ ＋ 母音

フォニックス・ナビ		単語	
1. p + i	(	) (	)
2. p + o	(	) (	)
3. p + u	(	) (	)
4. b + a	(	) (	)
5. b + i	(	) (	)
6. b + o	(	) (	)

答え

1. drop in （ひょっこり訪ねる）
2. keep on ... （〜を続ける）
3. wrap up （包む、[服を] 着込む）
4. web access （ウェブアクセス）
5. job interview （就職面接）
6. rub off （[汚れなどを] ふき取る）

② /k/ および /g/ ＋ 母音

Track **115**

フォニックス・ナビ		単語		
1. k + a		(	) (	) rest
2. k + i		(	) (	)
3. k + u		(	) (	)
4. g + i	a (		) (	) Paris
5. g + o	a (		) (	)
6. g + o		(	) (	)

答え

1. take a rest （休憩する）
2. make it （間に合う）
3. wake up （目覚める）
4. a gig in Paris （パリでのギグ）※ gig = ライブ
5. a bag of ... （1袋の〜）
6. log off （[コンピューターを] ログオフする）

③ /t/ および /d/ ＋ 母音　　　　　　　　　　　　　　　　　　　　　　　 ◉ Track **116**

フォニックス・ナビ		単語	

1. t + a	(	) (	) time
2. t + o	in (	) (	)
3. t + u	(	) (	)
4. d + a	(	) (	)
5. d + i	(	) (	)
6. d + ou	(	) (	)

答え

1. at a time　（一度に）
2. in front of ...　（〜の前に）
3. sit up　（起き上がる）
4. good at ...　（〜が得意だ）
5. hand in ...　（〜を手渡す）
6. sold out　（売り切れ）

ステップ 3 **文の聞き取りクイズ**　　　　　　　　　　 ◉ Track **117**

連結の音を含む単語を（　　）に書き、文を完成させましょう。

1. Please (　　　　　　) (　　　　　　　　) when you go outside.
2. My daughter is (　　　　　　) (　　　　　　　) history.
3. The new shoes (　　　　　) (　　　　　　) my ankle.
4. I saw your (　　　　　　) (　　　　　　) the coffee table.
5. Please (　　　　　) (　　　　　) seat.
6. The match has been (　　　　) (　　　　　　) until next week.
7. Learning to speak English will (　　　　　) (　　　　　　).
8. Will you (　　　　　) (　　　) (　　　　　)?
9. I can do it (　　　　) (　　　　　).
10. Make sure to (　　　　) (　　　　　　) the essay by Friday.

答え

1. Please (wrap) (up) when you go outside.

暖かくしてお出かけください。

2. My daughter is (fond) (of) history.

うちの娘は歴史が大好きです。

3. The new shoes (rub) (against) my ankle.

新しい靴がくるぶしにあたって靴擦れを起こしている。

4. I saw your (mug) (on) the coffee table.

君のマグカップがコーヒーテーブルにあったのを見たよ。

5. Please (take) (a) seat.

お座りください。

6. The match has been (put) (off) until next week.

その試合は来週まで延期になった。

7. Learning to speak English will (take) (effort).

英語のスピーキングを習得するには、努力を要するでしょう。

8. Will you (wipe) (it) (off)?

（汚れを）ふき取ってくれる？

9. I can do it (right) (away).

今すぐします。

10. Make sure to (hand) (in) the essay by Friday.

必ず金曜日までに小論文を提出してください。

摩擦音 ＋ 母音

摩擦音と母音が隣り合うと、音がくっつく

　/v/ に母音がくっつくと「ヴァ行」になりますが、破裂音の /b/ と母音が連結すると「バ行」です。「ヴァ行」と「バ行」は似て非なる音。繰り返し音源を聞き、それぞれの違いに耳を慣らしましょう。/h/ は語末には現れない音なので、ここでは取り上げていません。

> 摩擦音の連結では「ファ行」「ヴァ行」「サ行」「ザ行」「シャ行」「ヂャ行」と似た音が現れる！

Track **118**

	音の種類	単語・句	聞こえ方	リスニングのコツ
1	/f/ + 母音	beef about ...（〜について文句を言う）	ビーファバウッ♪	母音と連結することで、語と語の間に「ファ行」に似た音が現れます。なお、「フ」に関しては「foodとhood」のようにfとhの対比があるため、聞き取りの注意が必要です。
2	/v/ + 母音	believe in ...（〜を信じる）	ビリーヴィン	母音と連結することで、語と語の間に「ヴァ行」に似た音が現れます。

3	/s/ + 母音	cross out （[線を引いて] 消す）	クゥローサゥッ ♪	母音と連結すると、語と語の間に「サ行」に似た音が現れます。※ /si/ は「シ」ではなく「スィ」の響きです。
4	/z/ + 母音	buzz of ... （[ハチなどの] ブンブン言う音）	バザヴ	母音と連結すると、語と語の間に「ザ行」に似た音が現れます。※ /zi/ は「ジ」ではなく「ズィ」の響きです。
5	/θ/ + 母音	health insurance （健康保険）	ヘゥスィンシュランス	母音と連結すると、語と語の間に「サ行」に似た音が現れます。
6	/ð/ + 母音	breathe out （息を吐く）	ブゥリーザゥッ ♪	母音と連結すると、語と語の間に「ザ行」に似た音が現れます。
7	/ʃ/ + 母音	wash up （洗う）	ウォシャッ ♪	母音と連結すると、語と語の間に「シャ行」に似た音が現れます。
8	/ʒ/ + 母音	mirage of ... （〜の蜃気楼）	ミラーヂァヴ	母音と連結すると、語と語の間に「ヂャ行」に似た音が現れます。なお、/ʒ/はフランス語を語源とした単語に多く見られます。

連結している箇所をよく聞き、あとについて発音しましょう。

1. gh + a　　　　　　　　　laugh at ...（〜を嘲笑する）
2. v + i　　　　　　　　　　dive into ...（〜に飛び込む）
3. s + a　　　　　　　　　　this apricot（このアプリコット）
4. z + o　　　　　　　　　　a maze of ...（迷路のように入り組んだ〜）
5.（息）th + ea　　　　　　moth-eaten（［服などが］虫に食われた）
6.（声）th + a　　　　　　　loathe ants（アリが大嫌いだ）
7. sh + a　　　　　　　　　stash away ...（〜を隠す）
8. g + o　　　　　　　　　　the garage of the house（その家のガレージ）

フォニックス・ナビをヒントに、連結の音を含む単語を（　　）に書きましょう。

① /f/ および /v/ ＋ 母音

フォニックス・ナビ		単語	
1. f + a	（	）（	） chance
2. gh + i	（	）（	）
3. f + o	（	）（	）
4. v + i	（	）（	）
5. v + o	the （	）（	）
6. v + u	（	）（	）

164

1. half a chance　（わずかなチャンス）
2. tough issue　（厄介な問題）
3. if only　（ただ〜でさえあれば）
4. live in ...　（〜に住む）
5. the love of ...　（〜の愛）
6. give up　（あきらめる）

② /s/ および /z/ ＋ 母音　　　　　　　　　　　　● Track **121**

フォニックス・ナビ　　　　　　　　　　　　単語

1. c + u	( )	( )
2. ss + o	a ( )	( )
3. ss + ou	( )	( )
4. s + i	( )	( )
※この s は /z/ と発音します。		
5. s + o	( )	( )
※この s は /z/ と発音します。		
6. zz + u	( )	( )

1. spice up　（一味を添える）
2. a glass of ...　（グラス1杯の〜）
3. miss out　（逃す）
4. as if　（まるで〜であるかのように）
5. because of ...　（〜のせいで）
6. fizz up　（シューッと音を立てて泡立つ）

③ /θ/ および /ð/ ＋ 母音

Track **122**

フォニックス・ナビ　　　　　　　　　　　単語

1. th + a	(	) (	) shower
2. th + e	(	) (	)
3. th + o	the (	) (	)
4. th + a	(	) (	)
5. th + i	(	) (	)
6. th + our	(	) (	)

答え

1. bath and shower　（お風呂とシャワー）
2. math exam　（数学の試験）
3. the mouth of ...　（〜の河口）
4. soothe away　（［痛みを］取り除く）
5. bathe in　（［光や色などで］覆う）
6. clothe ourselves　（服を着る）

④ /ʃ/ および /ʒ/ ＋ 母音

Track **123**

フォニックス・ナビ　　　　　　　　　　　単語

1. sh + a	(	) (	)
2. sh + i	(	) (	)
3. sh + ou	(	) (	)
4. sh + u	(	) (	)
5. g + a	(	) (	) brown
6. g + a	(	) (	) photography

答え

1. fish around （探し回る）
2. cash in （現金化する）
3. wash out （［汚れなどが］洗って落ちる）
4. push up （押し上げる）
5. beige and brown （ベージュと茶色）
6. collage and photography （コラージュと映像）

ステップ3 文の聞き取りクイズ Track **124**

連結の音を含む単語を（　　）に書き、文を完成させましょう。

1. (　　　　　　　) (　　　　　　　　　) I were more gifted.
2. Walk down the (　　　　　　) (　　　　　　　　) the river.
3. She is making a lace (　　　　　　) (　　　　　　　) a cameo brooch.
4. Don't (　　　　　　　) (　　　　　　).
5. I take piano lessons (　　　　　　) (　　　　　　　) week.
6. Let's (　　　　　　) (　　　　　　) the river.
7. Do you (　　　　　) (　　　　　　　) chance to win?
8. Can you (　　　　　) (　　　　　　) the flower vase?
9. She (　　　　　) (　　　　　　) long memory.
10. (　　　　　) (　　　　　　), breathe out.

1. (If) (only) I were more gifted.

   もっと才能があったらなぁ。

2. Walk down the (path) (along) the river.

   川沿いの道を進んでください。

3. She is making a lace (corsage) (and) a cameo brooch.

   彼女はレースのコサージュとカメオのブローチを作っています。

4. Don't (give) (up).

   あきらめないで。

5. I take piano lessons (twice) (a) week.

   私は週に2回ピアノのレッスンを受けています。

6. Let's (fish) (in) the river.

   川釣りをしよう。

7. Do you (have) (a) chance to win?

   勝算はありますか？

8. Can you (wash) (out) the flower vase?

   花びんを洗ってくれる？

9. She (has) (a) long memory.

   彼女は記憶力がいい。

10. (Breathe) (in), breathe out.

    （ヨガなどで）息を吸って、息を吐いて。

破擦音 ＋ 母音

破擦音と母音が隣り合うと、音がくっつく

　破擦音の /dʒ/ には、やわらかい G（huge や range など）の他、j（Japan や jet など）もあります。ただし、たいていの場合、j は単語の終わりには現れませんので、ここではやわらかい G のみを取り上げています。なお、lodge や edge など語尾の dge も /dʒ/ と発音します。

> 破擦音の連結では「チャ行」「ジャ行」と似た音が現れる！

※表の見方
・破擦音のうち、tr と dr は語尾に現れないつづり字です。ここでは ch とやわらかい G を取り上げ、母音との音のつながりを見ていきます。

Track **125**

	音の種類	単語・句	聞こえ方	リスニングのコツ
1	/tʃ/ + 母音	switch off（スイッチを切る）	スウィチョフ	母音と連結することで、語と語の間に「チャ行」に似た音が現れます。
2	/dʒ/ + 母音	huge amount（巨額）	ヒュージャマウンッ♪	母音と連結することで、語と語の間に「ジャ行」に似た音が現れます。

連結している箇所をよく聞き、あとについて発音しましょう。

1. ch + a　　　　　　　　　　such as ...（例えば〜など）
2. ch + i　　　　　　　　　　have much in common（共通点が多い）
3. ch + o　　　　　　　　　　each other（お互い）
4. g + i　　　　　　　　　　　wage increase（賃上げ）
5. g + o　　　　　　　　　　　a range of 10 km（10 キロ圏内）
6. dg + o　　　　　　　　　　the edge of town（町のはずれ）

※ dg は j、およびやわらかい G と同じ音です。語尾の e は読みません。

フォニックス・ナビをヒントに、連結の音を含む単語を（　　）に書きましょう。

/tʃ/ および /dʒ/ ＋ 母音

フォニックス・ナビ		単語	
1. ch + a	(	) (	) cold
2. ch + our	(	) (	)
※ our の前のつづり字は読みません。			
3. ch + ou	(	) (	)
4. g + a	(	) (	)
5. g + o	(	) (	) nine
6. dg + u	(	) (	)

答え

1. catch a cold （風邪を引く）
2. lunch hour （ランチ時間）
3. reach out （手を伸ばす）
4. large area （広い地域）
5. age of nine （9歳）
6. edge up （にじり寄る）

ステップ3 文の聞き取りクイズ　　　　　　　　　● Track **128**

　連結の音を含む単語を（　　）に書き、文を完成させましょう。

1. My fiancé sent me a (　　　　　　) (　　　　　　　　) flowers.
2. Who's in (　　　　　　) (　　　　　　) the project?
3. I usually (　　　　　) (　　　　　　) baseball game on Sunday.
4. I have an (　　　　　) (　　　　　　) my head of our new house.
5. We don't see (　　　　) (　　　　　) each other these days.
6. Sam didn't (　　　　　) (　　　　　) inch.
7. The restaurant is full of (　　　　) (　　　　　　) famous people.
8. There was something (　　　　　) (　　　　　) his remarks.
9. (　　　　　) (　　　　　) you have eaten my apple pie?
10. The news attracted a (　　　　　) (　　　　　　) of interest.

1. My fiancé sent me a (bunch) (of) flowers.
   私のフィアンセは花束を贈ってくれた。

2. Who's in (charge) (of) the project?
   このプロジェクトの担当は誰ですか？

3. I usually (watch) (a) baseball game on Sunday.
   たいてい日曜日に野球観戦をします。

4. I have an (image) (in) my head of our new house.
   私たちの新居を頭の中でイメージすることができる。

5. We don't see (much) (of) each other these days.
   私たちは最近あまり会っていません。

6. Sam didn't (budge) (an) inch.
   サムはまったく譲歩しなかった。
   ※ not budge an inch は「一歩も譲らない、引き下がらない」という意味です。

7. The restaurant is full of (rich) (and) famous people.
   そのレストランはお金のある有名人でいっぱいだ。

8. There was something (strange) (about) his remarks.
   彼の発言には何か変なところがあった。

9. (Which) (of) you have eaten my apple pie?
   私のアップルパイを食べたのは、あなたたちのどっち？

10. The news attracted a (huge) (amount) of interest.
    そのニュースはとても大きな関心を集めた。

鼻音 + 母音

鼻音と母音が隣り合うと、音がくっつく

① m と b、② n と t には共通点があります。①はどちらも口を閉じて、②は舌先を歯茎にあてて発音します。なお、m と n は語頭ではそれぞれ「マ行」「ナ行」になりますが、語中や語尾では、たいていの場合「ン」のように響きます。

> 鼻音の連結では「マ行」「ナ行」「ンガ行」と似た音が現れる！
> ※「ンガ行」は、音に合わせて作った造語です。

Track **129**

	つづり字の種類	単語・句	聞こえ方	リスニングのコツ
1	/m/ + 母音	come in ...（〜の中に入る）	カミン	母音と連結することで、語と語の間に「マ行」に似た音が生まれます。なお、come in などの句動詞は、たいてい後ろの単語（ここでは in）のほうがやや強めに読まれる傾向にあります。
2	/n/ + 母音	Ben and Jim（ベンとジム）	ベナンッ♪ジム	母音と連結することで、語と語の間に「ナ行」に似た音が現れます。

1 単語のリスニング
2 語句のリスニング
3 文のリスニング
4 総まとめ

| 3 | /ŋ/ + 母音 | bring up
（育てる） | ブゥリンガッ♪ | 母音と連結することで、語と語の間に「ンガ」の音が現れます。もちろん、五十音に「ンガ行」など存在しませんが、「ガ行」/g/ の音と対比するために、あえてそのような名前にしています。 |

ステップ 1　発音エクササイズ　　　　　　　　　　　　　　◯ Track **130**

<u>連結している箇所</u>をよく聞き、あとについて発音しましょう。

1. m + e　　　　　　　　　home economics（家政学）
2. m + ou　　　　　　　　come out（[月などが] 出る、現れる）
3. n + a　　　　　　　　　one another（お互い）
4. n + o　　　　　　　　　turn off（[明かりなどを] 消す）
5. ng + a　　　　　　　　sing along（みんな一緒に歌う）
6. ng + ou　　　　　　　hang out（ぶらぶらする）

ステップ 2　単語の聞き取りクイズ　　　　　　　　　　　　◯ Track **131**

フォニックス・ナビをヒントに、連結の音を含む単語を（　　）に書きましょう。

/m/, /n/ および /ŋ/ + 母音

フォニックス・ナビ		単語	
1. m + ou	(	) (	)
2. m + u	(	) (	)
3. n + a	(	) (	) sense
4. n + o	(	) (	)
5. ng + o	(	) (	)
6. ng + u	(	) (	)

1
単語のリスニング

2
語句のリスニング

3
文のリスニング

4
総まとめ

答え

1. time out （［スポーツの試合で］タイム）

2. come up （近づく）

3. in a sense （ある意味において）

4. main office （本社）

5. speaking of ... （〜について言えば）

6. ring up （電話をする）※特にイギリスで使われるフレーズ

ステップ 3　文の聞き取りクイズ
 Track 132

　連結の音を含む単語を（　　）に書き、文を完成させましょう。

1. The funny (　　　　　) (　　　　　　　　), I feel that I've been here before.

2. (　　　　　) (　　　　　　) matters to winning.

3. I've told him (　　　　　) (　　　　　　) again but our promise was broken.

4. I'll be back (　　　　　) (　　　　　　) sec.

5. Reports are (　　　　　) (　　　　　　) of the typhoon.

6. (　　　　　) (　　　　　　), please?

7. (　　　　　) (　　　　　　) the heater.

8. Does this one (　　　　　) (　　　　　　) blue?

9. You can stay here as (　　　　　) (　　　　　　) you want.

連結のルール④　175

10. Alan is (   ) (   ) the most intelligent students in
    school.

1. The funny (thing) (is), I feel that I've been here before.
   妙な話だけど、以前ここに来たことがあるような気がする。

2. (Team) (effort) matters to winning.
   勝つためにはチームワークが重要だ。

3. I've told him (again) (and) again but our promise was broken.
   彼に何度も言ったけれど、私たちの約束は破られた。

4. I'll be back (in) (a) sec.
   すぐに戻ってきます。

5. Reports are (coming) (in) of the typhoon.
   台風の情報が入ってきています。

6. (Come) (again), please?
   もう一度言ってくれますか？

7. (Turn) (on) the heater.
   ヒーターをつけて。

8. Does this one (come) (in) blue?
   これの青はありますか？

9. You can stay here as (long) (as) you want.
   ここにいたいだけいて、いいですよ。

10. Alan is (one) (of) the most intelligent students in school.
    アランは学校で最も知的な学生です。

/l/ + 母音

l と母音が隣り合うと、音がくっつく

feel や sell など語尾の l は「暗い L」ですので「ゥ」のように響きますが、母音と連結すると「明るい L」になります。例えば、sell は「セゥ」と発音しますが、sell out では「セラゥッ」に。つまり、l の音が「ゥ」から「ラ」に変わってしまうのです。

> /l/ の連結では「ラ行」と似た音が現れる！

Track **133**

	つづり字の種類	単語・句	聞こえ方	リスニングのコツ
1	/l/ + 母音	sell out (売り切れる)	セラゥッ♪	母音と連結することで、語と語の間に「ラ行」に似た音が現れます。なお、sell など語尾の l は「暗い L」、lemon など語頭の l は「明るい L」で発音されます。

連結している箇所をよく聞き、あとについて発音しましょう。

1. ll + a　　　　　　　　　fall apart（ばらばらになる）
2. l + a　　　　　　　　　 pedal along（[自転車で] 行く）
3. l + ea　　　　　　　　　feel easy（のんびりする）
4. ll + i　　　　　　　　　 small in size（サイズが小さい）
5. ll + o　　　　　　　　　fall over（転ぶ、倒れる）
6. ll + u　　　　　　　　　pull up（[車が] 止まる）

　フォニックス・ナビをヒントに、連結の音を含む単語を（　　）に書きましょう。

/l/ ＋ 母音のグループ

フォニックス・ナビ	単語	
1. ll + a	as（　　　　　　）（　　　　　　　　）	
2. ll + i	（　　　　　　）（　　　　　） sick	
3. l + i	（　　　　　　）（　　　　　　）	
4. ll + ou	（　　　　　　）（　　　　　　）	
5. ll + o	（　　　　　　）-（　　　　　　　）	
6. l + u	（　　　　　　）（　　　　　　）	

答え

1. as well as ... （〜と同様に）
2. call in sick （病欠の電話をする）
3. deal in ... （〜を扱う）
4. chill out （のんびりと過ごす）
5. well-off （裕福な）
6. pile up ... （〜を積み上げる）

ステップ 3　文の聞き取りクイズ　　　　Track **136**

連結の音を含む単語を（　　）に書き、文を完成させましょう。

1. (　　　　　) (　　　　　　　) your name, please.
2. As (　　　　　) (　　　　　　　) being smart, Matt is good-looking.
3. We should (　　　　　) (　　　　　　) at the next gas station.
4. We began to (　　　　　) (　　　　　) home with each other.
5. The book has been read (　　　　) (　　　　　) the world.
6. She's always (　　　　　) (　　　　) beans.
7. Sally (　　　　　) (　　　　) on the sofa.
8. I've met them a (　　　　) (　　　　) times.
9. There's a (　　　　) (　　　　　) the back of your sweater.
10. Rob is always as (　　　　) (　　　　　) a cucumber.

1. (Fill) (in) your name, please.

   お名前をご記入ください。

2. As (well) (as) being smart, Matt is good-looking.

   賢いだけでなく、マットはルックスもいい。

3. We should (fill) (up) at the next gas station.

   次のガソリンスタンドで満タンにしよう。

4. We began to (feel) (at) home with each other.

   私たちは打ち解け始めた。

5. The book has been read (all) (around) the world.

   その本は世界中で読まれている。

6. She's always (full) (of) beans.

   彼女はいつも元気いっぱいだ。

7. Sally (fell) (asleep) on the sofa.

   サリーはソファーで寝てしまった。

8. I've met them a (couple) (of) times.

   彼らに何度か会ったことがある。

9. There's a (hole) (in) the back of your sweater.

   あなたのセーターの後ろに穴が開いているよ。

10. Rob is always as (cool) (as) a cucumber.

   ロブはいつも冷静沈着だ。

/r/ + 母音

rと母音が隣り合うと、音がくっつく

五十音の「ラ行」はローマ字だとrで書き表しますが、発音に関して言えば、l（明るいL）のほうに近いのです。このねじれこそが私たちの耳を惑わせる原因なのです。なお、"ラ行のような音"で始まる単語の聞き取りのポイントは、「ラ・リ・ル・レ・ロ」だったらl、小さなゥで始まる「ゥラ・ゥリ・ゥル・ゥレ・ゥロ」だったらrです。

> /r/の連結では「ゥラ行」と似た音が現れる！
> ※「ゥラ行」は、音に合わせて作った造語です。

🔊 Track **137**

	つづり字の種類	単語・句	聞こえ方	リスニングのコツ
1	/r/ + 母音	after all （結局は）	アフタゥローゥ	母音と連結することで、語と語の間に「ゥラ行」の音が現れます。erのように「rつきの母音」は、それ自体はくぐもった響きなのですが、母音とつながることでrの音が際立ちます。※五十音には「ゥラ行」などはありませんが、/l/の音と対比するためにそのような名前にしてあります。

連結している箇所をよく聞き、あとについて発音しましょう。

1. are + a	care about ...（〜を大切にする）
2. or + a	for a while（しばらくの間）
3. ere + a	here and there（あちこちで）
4. er + a	over again（もう一度、はじめから）
5. ore + ea	more easily（より簡単に）
6. ar + e	far end（一番向こう側に）

フォニックス・ナビをヒントに、連結の音を含む単語を（　　）に書きましょう。

/r/ ＋ 母音のグループ

フォニックス・ナビ		単語		
1. ar + i	(	)	(	)
2. ore + ei	(	)	(	)
3. or + i	(	)	(	)
4. our + a	(	)	(	)
5. are + i	(	)	(	)
6. air + o	a (	)	(	)

答え

1. star in ...　（〜に主演する）
2. before eight　（8時前）
3. major in ...　（〜を専攻する）
4. sour apple　（酸っぱいリンゴ）
5. share ideas　（考えを共有する）
6. a pair of ...　（一対の〜）

ステップ3　文の聞き取りクイズ　　　🔘 Track **140**

連結の音を含む単語を（　　）に書き、文を完成させましょう。

1. Let's go (　　　　　　　) (　　　　　　　　　) drive.
2. It will soon (　　　　　　　) (　　　　　　　).
3. The station is (　　　　　　) (　　　　　　　) from here.
4. He's (　　　　　　　) (　　　　　　　) spelling.
5. Who's parking their (　　　　　) (　　　　　　　) front of our house?
6. (　　　　　　) (　　　　　　　)!
7. (　　　　　　) (　　　　　　　), where shall I start?
8. I can't (　　　　　　) (　　　　　　) why.
9. As (　　　　　　) (　　　　　　) I know, he's the only child.
10. I've been to Athens a (　　　　　) (　　　　　　) times.

1. Let's go (for) (a) drive.

   ドライブに行こう。

2. It will soon (clear) (up).

   すぐに晴れるでしょう。

3. The station is (far) (away) from here.

   その駅はここからは遠いです。

4. He's (poor) (at) spelling.

   彼は単語のつづりが苦手だ。

5. Who's parking their (car) (in) front of our house?

   家の前に車を止めているのは誰かしら？

6. (Cheer) (up)!

   元気を出して。

7. (For) (example), where shall I start?

   例えば、どこから始めましょうか。

8. I can't (figure) (out) why.

   なぜなのかがわかりません。

9. As (far) (as) I know, he's the only child.

   私の知る限り、彼は一人っ子です。

10. I've been to Athens a (number) (of) times.

    アテネには何度も行っています。

Lesson 03 同化

本来とは違う音に変わる

　同化の基本的な考え方は「変化」で、①2つの音が影響を与え合い新しい音を作るものと、②どちらか一方の性質に似通ってしまうものとがあります。なお、同化のルールにおいて特徴的なのは、you や your など y の文字にからむ変化が多いという点です。例えば、Did と you をばらばらに読むと「ディド」と「ユー」ですが、スピードのついた発声では d y は「ジュ」となり、全体では「ディジュウ」のように聞こえます（これは①にあたります）。また、dance show も本来であれば「ダンスショゥ」と発音されるべきなのでしょうが、やわらかい C（p. 28 参照）が sh の音に吸収されて「ダァンショォゥ」に。これは困りものです。なぜなら dance の「ス」がどこかへ消えてしまったかのような錯覚を与えてしまうからです。もちろん音が完全になくなったわけではなく、s が sh の音に引っ張られるという②の現象が起きているのですが、こういったシンプルな表現であっても、同化が起こると聞き取りが一層難しくなるのです。

Did you ...?

①dとyのミックスで「ジュ」に！

dance show

②cがshに引っ張られ「シュ」に！

　読んですぐにわかるような単語であっても、いざ聞き取ろうとしたとたんに慌ててしまうとすれば、音の変化にもっと耳をなじませる必要があるのかもしれません。要は音の精査が必要なのです。聞き流しの弱点はここなのです。繰り返しお伝えしているように、リスニングは魔法ではなく技術、匠の技がすべて。どれほど頑張って想像力を働かせたところで、音の法則を知らなければ「ダァンショォゥ」を「Dan

Show」（ダン・ショウさん？？）などと誤訳しかねません。

Hi. I'm Dan.

　言ってしまえば同化もエネルギーの温存なのです。ネイティブスピーカーは決して意図的にそうしているわけではないのですが、結果として「ス」が「シュ」に飲み込まれてしまう格好になっています。日本語でも「明日するね」を「ア・ス・ス・ル・ネ」と一字一句区切って言ったりはしませんよね。最初の「ス」と次の「ス」がつながって、１つの音のように聞こえることがありますが、これとよく似た現象が dance show にも起こっているのです。

▶ 同化のタイプ

　同化には、①「音が融合するタイプ」と②「音がスライドするタイプ」があります。

---

　①融合型は、２つの音がお互いに影響を与え合い新しい音を生む現象です。
　（例）guess you ⇒ guess（ゲス）＋ you（ユゥ）→ "ゲシュゥ"

---

　②スライド型は、一方の音に似通ってしまうという性質を持っており、たいていは後ろの音に吸収されてしまいます。
　（例）nice show ⇒ nice（ナイス）＋ show（ショウ）→ "ナァイショウ"

　では、まずは融合型から見ていきましょう。

融合型 /s/ と /j/

/s/ と /j/ が隣り合うと「シュ」になる

　英語ネイティブの中には、同化のルールを使って発音する人とそうではない人がいますので、ここでは両方の音を取り上げ、耳を慣らしていきたいと思います。

　まずは摩擦音の /s/ にからむ同化から見ていきますが、/s/ と /j/ が隣り合うと「シュ」のように聞こえます。実際「ス」と「ユ」をスユ、スユ、スユ…のようにスピードを上げて発音していくと、シュの音に変わっていきます。このときの「シュ」が、ここに出てくる同化の音と考えましょう。

Track **141**

	つづり字の種類	発音記号	単語・句	聞こえ方	リスニングのコツ
同化なし	s + y	/s + j/ → /s j/ スユ	guess you	ゲスユゥ	/s/ の音で終わる一般動詞や三単現のsが /j/ の前に来ると、同化が起こります。
同化あり		/s + j/ → /ʃ/ シュ		ゲシュゥ	

　最初は同化なし、次に同化ありの音声が流れますので、それぞれあとについて発音しましょう。

1. ss + y　　　　　　　　　　kiss you（あなたにキスをする）
2. s + y　　　　　　　　　　 chase you（あなたを追いかける）
3. ss + y　　　　　　　　　　cross your fingers（幸運を祈る）
　　　　　　　　　　　　　　※指をクロスするかたちが十字架に見えることから。
4. ss + y　　　　　　　　　　toss you a key（カギをあなたにポンと投げる）

　フォニックス・ナビをヒントに、同化の音を含む単語を（　　　）に書きましょう。

/s/ + /j/ → /ʃ/（シュ）

フォニックス・ナビ	単語		
1. ss + y	I (	) (	)
2. ss + y	(	) (	)
3. s + y	She (	) (	)
4. s + y	He (	) (	) up
5. ss + y	(	) (	) up
6. ss + y	I (	) (	)

答え

1. I gue**ss** your ...　（君の〜は〜だと思う）

2. mi**ss** you　（君がいなくて寂しい）

3. She take**s** you ...　（彼女はあなたを〜へ連れて行く）

4. He wake**s** you up　（彼は君を起こす）

5. dre**ss** yourself up　（着飾る）

6. I pa**ss** you ...　（あなたに〜を手渡す）

ステップ 3　　文の聞き取りクイズ　　　　　　　　　　🔊 Track **144**

　同化の音を含む単語を（　　）に書き、文を完成させましょう。

1. Of (　　　　　　　), (　　　　　　　) do.

2. (　　　　　　) (　　　　　　)!

3. Is (　　　　　) (　　　　　　) or his?

4. (　　　　　　), (　　　　　　) judgment is right.

5. You can (　　　　　) (　　　　　　) order online.

6. You always (　　　　) (　　　　　　) arms when irritated.

7. I didn't mean to (　　　　) (　　　　　　) out.

8. I used to (　　　　) (　　　　　　) house on the way to school.

9. He won't listen (　　　　) (　　　　　) tell the truth.

10. Let me know in (　　　　) (　　　　　) can't come by 10.

1. Of (course), (you) do.

   もちろん、（あなたは）そうですね。

2. (Bless) (you)!

   （くしゃみをした人に）お大事に！

3. Is (this) (yours) or his?

   これはあなたのもの、それとも彼のもの？

4. (Yes), (your) judgment is right.

   ええ、あなたの判断は正しいです。

5. You can (place) (your) order online.

   オンラインでご注文いただけます。

6. You always (cross) (your) arms when irritated.

   イライラしているとき、あなたはいつも腕を組んでいるね。

7. I didn't mean to (stress) (you) out.

   ごめん、君にストレスをかけるつもりじゃなかった。

8. I used to (pass) (your) house on the way to school.

   登校のとき、よくあなたの家の前を通ったものです。

9. He won't listen (unless) (you) tell the truth.

   本当のことを言わない限り、彼は耳を貸さないと思う。

10. Let me know in (case) (you) can't come by 10.

    もしも 10 時までに来ることができない場合は、お知らせください。

融合型　/z/ と /j/

/z/ と /j/ が隣り合うと「ヂュ」になる

　次に摩擦音の /z/ に関する同化ですが、/z/ と /j/ が隣り合うと「ヂュ」のように聞こえます。「ズ」と「ユ」をズユ、ズユ、ズユ…のようにスピードを上げて言ってみると、ヂュの音に変わっていきますね。なお、/s/ と /z/ は有声無声のペアですので、同様に /sj/ と /zj/ も対の音と考えることができます。

🔊 Track **145**

	つづり字の種類	発音記号	単語・句	聞こえ方	リスニングのコツ
同化なし	z + y s + y (sが/z/のとき)	/z + j/ → /z j/ ズユ	loves you	ラブズユゥ	/z/ の読み方をする三単現のsや複数形の後に/j/が来ると同化が起こります。
同化あり		/z + j/ → /ʒ/ ヂュ		ラヴヂュゥ	

ステップ 1　発音エクササイズ　　　　　　　　　　　　　🔘 Track **146**

　最初は<u>同化なし</u>、次に<u>同化あり</u>の音声が流れますので、それぞれあとについて発音しましょう。

1. z + y　　　　　　　average-size yard（通常サイズの庭）
2. z + y　　　　　　　amaze you（あなたを驚かせる）
3. s + y　　　　　　　Does your ...?（あなたの〜は〜ですか？）
4. s + y　　　　　　　holds your bag（あなたのバッグを持つ）

ステップ 2　単語の聞き取りクイズ　　　　　　　　　　🔘 Track **147**

　フォニックス・ナビをヒントに、同化の音を含む単語を（　　）に書きましょう。

/z/ + /j/ → /ʒ/（ヂュ）

フォニックス・ナビ		単語	
1. s + y	（　　　　　）（	）wish	
2. s + y	（　　　　　）（	）	
3. s + y	（　　　　　）（	）	
4. s + y	（　　　　　）（	）	
5. s + y	He（　　　　　）（	）	
6. s + y	She（　　　　　）（	）	

答え

1. as you wish　（お好きなように）
2. because you ...　（なぜなら君が〜）
3. Was your ...?　（あなたの〜は〜でしたか？）
4. Is your ...?　（あなたの〜は〜ですか？）
5. He loves you　（彼は君を愛している）
6. She tells you ...　（彼女はあなたに〜と言う）

リスニングメモ

つづり字の s は、as や because のように単語の中に入ると /z/ で発音される場合が多いので、あわせて覚えておきましょう。

ステップ3　文の聞き取りクイズ

⏺ Track **148**

同化の音を含む単語を（　　）に書き、文を完成させましょう。

1. Please (　　　　　　　) (　　　　　　　　) hand.
2. Who (　　　　　　) (　　　　　　　　) bills every month?
3. I can't believe your mother still (　　　　　　) (　　　　　　　　) clothes.
4. Helen never (　　　　　　) (　　　　　　) a lie.
5. (　　　　　　) (　　　　　　　) son ever studied abroad?
6. Janet is very angry (　　　　　　) (　　　　　　　) are late again.
7. How many countries (　　　　　　) (　　　　　　　) sister traveled to so far?
8. My wife (　　　　　　) (　　　　　　) on Sundays.
9. Our kitten was found in the (　　　　　) (　　　　　).
10. The same (　　　　　　) (　　　　　).

1. Please (raise) (your) hand.

    手を挙げてください。

2. Who (pays) (your) bills every month?

    毎月、誰があなたの請求書の支払いをしているの？

3. I can't believe your mother still (washes) (your) clothes.

    今もお母さんが君の服の洗濯をしているなんて信じられない。

4. Helen never (tells) (you) a lie.

    ヘレンは絶対に嘘を言わない。

5. (Has) (your) son ever studied abroad?

    あなたの息子さんは海外留学をしたことがありますか？

6. Janet is very angry (because) (you) are late again.

    君がまた遅刻したので、ジャネットはカンカンだ。

7. How many countries (has) (your) sister traveled to so far?

    あなたのお姉さんは今までに何カ国旅行したことがありますか。

8. My wife (does) (yoga) on Sundays.

    私の妻は日曜日にヨガをする。

9. Our kitten was found in the (neighbor's) (yard).

    うちの子猫は近所の庭で見つかった。

10. The same (as) (usual).

    （調子を聞かれて）いつもと変わりないですよ。

    ※この /j/ は u とつづります。

融合型　/t/ と /j/

/t/ と /j/ が隣り合うと「チュ」になる

　get you は「ゲッチュゥ」、meet you は「ミーチュゥ」と言うように、t の音にからむ同化は「チュ」の聞き取りがカギを握っています。ただし、ネイティブによっては「ゲッユゥ」や「ミーユゥ」のように t の音を脱落させる人もいますので、同化ありと同化なしの両方に耳を慣らしておく必要があります。

🔊 Track **149**

	つづり字の種類	発音記号	単語・句	聞こえ方	リスニングのコツ
同化なし	t + y	/t + j/ → /t j/ トユ	get you	ゲットユゥ	tとyの同化は、get you や meet you のように目的語 you を必要とする他動詞との組み合わせでも起こります。
同化あり		/t + j/ → /tʃ/ チュ		ゲッチュゥ	

　発音エクササイズ　　　　　　　　　　　　　🔘 Track **150**

　最初は<u>同化なし</u>、次に<u>同化あり</u>の音声が流れますので、それぞれあとについて発音しましょう。

1. t + y　　　　　　　　Can't you ...?（〜できないの？）
2. t + y　　　　　　　　but you（君以外）
3. t + y　　　　　　　　not you（君じゃなく）
4. t + y　　　　　　　　Doesn't your ...?（あなたの〜は〜じゃないの？）

　単語の聞き取りクイズ　　　　　　　　　　🔘 Track **151**

　フォニックス・ナビをヒントに、同化の音を含む単語を（　　）に書きましょう。

/t/ + /j/ → /tʃ/（チュ）

フォニックス・ナビ		単語	
1. t + y	（　　　　）	（　　　　）	
2. t + y	（　　　　）	（　　　　）	
3. t + y	（　　　　）	（　　　　）	
4. t + y	（　　　　）	（　　　　）	
5. t + y	（　　　　）	（　　　　）	
6. t + y	（　　　　）	（　　　　） a coffee	

答え

1. Didn't you ...?（あなたは〜じゃなかったの？）

2. Don't you ...?（あなたは〜じゃないの？）

3. last year（去年）

4. let you ...（あなたに〜させる）

5. meet you（あなたと会う）

6. get yourself a coffee（あなたは［自分の］コーヒーを買ってくる）

同化の音を含む単語を（　　）に書き、文を完成させましょう。

1. I didn't mean to (　　　　　　　) (　　　　　　　　　).
2. (　　　　　　　) (　　　　　　　　) come in?
3. I heard it (　　　　　　　) (　　　　　　　　) a fortune.
4. I (　　　　　　　) (　　　　　　　　) a file so please take a look.
5. I (　　　　　　　) (　　　　　　　) to help me.
6. I'll (　　　　　　) (　　　　　　　) when I get to Vienna.
7. I'll (　　　　　　) (　　　　　　　) through.
8. It was Ken who (　　　　　　) (　　　　　　　) cake.
9. Sorry to have (　　　　　　) (　　　　　　　) waiting.
10. Is (　　　　　　) (　　　　　　　) idea or Karen's?

1. I didn't mean to (hurt) (you).

   傷つけるつもりじゃなかった。

2. (Won't) (you) come in?

   お入りにならない？

3. I heard it (cost) (you) a fortune.

   ものすごくお金がかかったって聞いたよ。

4. I (sent) (you) a file so please take a look.

   ファイルを送ったので見てくださいね。

5. I (want) (you) to help me.

   君に手伝ってもらいたい。

6. I'll (write) (you) when I get to Vienna.

   ウィーンに着いたら手紙を書きます。

7. I'll (put) (you) through.

   （電話で）おつなぎします。

8. It was Ken who (ate) (your) cake.

   君のケーキを食べたのはケンだよ。

9. Sorry to have (kept) (you) waiting.

   お待たせしてすみません。

10. Is (it) (your) idea or Karen's?

    それってあなたの考え、それともカレンの考え？

融合型　/d/ と /j/

/d/ と /j/ が隣り合うと「ジュ」になる

　　Did you ...? が「ディッユゥ」（脱落）あるいは「ディジュゥ」（同化）になるか
どうかは、話者のクセや地域的な要素が絡んできます（t のときと同じく、d の音
を脱落させるネイティブもいます）。脱落も同化も起こらない「ディドユゥ」は、
かなりゆっくりとした発声で、ともすれば何かしらの意図を持ってわざとそう言っ
ているかのような印象を与えます。

Track **153**

	つづり字の種類	発音記号	単語・句	聞こえ方	リスニングのコツ
同化なし	d + y	/d + j/ → /d j/ ドユ	did you	ディドユゥ	did の 他 に、would や could などの助動詞も文中で同化をよく起こします。
同化あり		/d + j/ → /dʒ/ ジュ		ディジュゥ	

　最初は<u>同化なし</u>、次に<u>同化あり</u>の音声が流れますので、それぞれあとについて発音しましょう。

1. d + y　　　　　　　　　　　　lend you（あなたに貸す）
2. d + y　　　　　　　　　　　　told you（あなたに言った）
3. d + y　　　　　　　　　　　　should you ...（もし〜なら）
4. d + y　　　　　　　　　　　　guide you（あなたを案内する）

　フォニックス・ナビをヒントに、同化の音を含む単語を（　　）に書きましょう。

/d/ + /j/ → /dʒ/（ジュ）

フォニックス・ナビ	単語	
1. d + y	（　　　　　）	（　　　　　　）
2. d + y	He（　　　　　）	（　　　　　　）
3. d + y	（　　　　　）	（　　　　　）
4. d + y	（　　　　　）	（　　　　　）way
5. d + y	（　　　　　）	（　　　　　）manners
6. d + y	（　　　　　）	（　　　　　）help

答え

1. lead you　（君を先導する）

2. He said you ...　（彼はあなたに〜と言った）

　※ said のつづり字は不規則な読み方をするため、「セィド」ではなく「セッド」/sed/ と発音します。

3. Would you ...?　（あなたは〜なさいますか？）

4. find your way　（やっとたどり着く）

5. mind your manners　（マナーに注意する）

6. need your help　（君の助けが必要だ）

ステップ 3　　**文の聞き取りクイズ**　　🔘 Track **156**

同化の音を含む単語を（　）に書き、文を完成させましょう。

1. (　　　　　　) (　　　　　　　　) horses.

2. I'll (　　　　　) (　　　　　　　　) some money.

3. I'm (　　　　　) (　　　　　　) say so.

4. I'm sorry I (　　　　　　) (　　　　　　　) up last night.

5. How (　　　　　) (　　　　　　　) like your tea?

6. (　　　　) (　　　　　　　) ever go for a drink with Jason?

7. I (　　　　　) (　　　　　　　) husband will be transferred to London in June.

8. I can't (　　　　　　) (　　　　　　　) acting so weirdly.

9. (　　　　　) (　　　　　　　) show me how to operate this machine?

10. They're curious to know how you (　　　　　) (　　　　　) way into modeling.

1. (Hold) (your) horses.

   落ち着いて。

2. I'll (lend) (you) some money.

   お金を貸してあげましょう。

3. I'm (glad) (you) say so.

   そう言ってくれて嬉しいです。

4. I'm sorry I (stood) (you) up last night.

   昨晩は約束をすっぽかしてごめんなさい。

5. How (would) (you) like your tea?

   紅茶はどのように召し上がりますか。

6. (Did) (you) ever go for a drink with Jason?

   ジェイソンと飲みに行ったことはある？

7. I (heard) (your) husband will be transferred to London in June.

   旦那さんが 6 月にロンドンへ転勤になると聞きましたよ。

8. I can't (understand) (your) acting so weirdly.

   なぜ君がそんなおかしな態度を取るのか理解できない。

9. (Could) (you) show me how to operate this machine?

   この機械の使い方を教えてくれますか？

10. They're curious to know how you (found) (your) way into modeling.

    彼らはどうやって君がモデルの道に進んだのか知りたがっている。

　ここまでは 2 つの音が影響を与え合い新しい音を作るグループでしたが、次は 2 つの音がどちらかの音の性質に似通ってしまうスライド型が登場します。

スライド型 /s/ と /ʃ/

/s/ と /ʃ/ が隣り合うと「シ」になる

　スライド型では、2つの音のうちのどちらか一方に吸い寄せられてしまう現象が起きます。例えば、nice show は「ナイスショウ」と発音してもよいのですが、問題は聞き取りのときです。相手が「ナァィショゥ」と言ったときに、それが nice show という意味を持った音として耳に飛び込んでくるかどうかがポイントとなります。

Track **157**

	つづり字の種類	発音記号	単語・句	聞こえ方	リスニングのコツ
同化なし	s + sh c + sh (やわらかいCのとき)	/s + ʃ/ → /s ʃ/ スシ	nice show	ナイスショウ	同化ありのほうでは「スシ」が「シ」と短くなってしまうため、それを補完するようにniceの母音が「ナァィ」のようにやや伸びています。
同化あり		/s + ʃ/ → /ʃ/ シ		ナァィショゥ	

　sとshの発音記号を見比べてみてください。sを縦に引き伸ばすと∫になりますね。この2つの音は視覚的に見ても似通った点が多いのです。

リスニング・トレーニング

ステップ 1　発音エクササイズ
Track **158**

　最初は<u>同化なし</u>、次に<u>同化あり</u>の音声が流れますので、それぞれあとについて発音しましょう。

1. s + sh	tortoiseshell（カメの甲羅、べっこう）
2. s + sh	tennis shorts（テニス用のショートパンツ）
3. ss + sh	dress shirt（[男性用の正装用の] シャツ）
4. c + sh	Bruce should do ...（ブルースは〜をするべきだ）

ステップ 2　単語の聞き取りクイズ
Track **159**

　フォニックス・ナビをヒントに、同化の音を含む単語を（　　）に書きましょう。

/s/ + /ʃ/ → /ʃ/（シ）

フォニックス・ナビ	単語	
1. s + sh	（　　　）	（　　　）
2. ss + sh	（　　　）	（　　　） than
3. c + sh	（　　　）	（　　　）
4. c + sh	（　　　）	（　　　）
5. c + sh	（　　　）	（　　　）
6. c + sh	（　　　）	（　　　）

答え

1. thi<u>s sh</u>op　（この店）
2. le<u>ss sh</u>allow than ...　（〜より浅くない）
3. la<u>ce sh</u>irt　（レースのシャツ）
4. ni<u>ce sh</u>oes　（すてきな靴）
5. spa<u>ce sh</u>uttle　（スペースシャトル）
6. dan<u>ce sh</u>ow　（ダンスショー）

ステップ 3　**文の聞き取りクイズ**　⦿ Track **160**

　同化の音を含む単語を（　　）に書き、文を完成させましょう。

1. What time does (　　　　　　) (　　　　　　) open?
2. (　　　　　　) (　　　　　　) is always full of vacationers.
3. The (　　　　　) (　　　　　) was the best one I've ever seen.
4. Only a golfer like you can hit such a (　　　　　) (　　　　　).
5. Her (　　　　) (　　　　　) as she spoke.
6. We're doing (　　　　　) (　　　　　) today.
7. The (　　　　　) (　　　　　) in the dryer, so don't put it in there.

1. What time does (this) (shop) open?

　こちらのお店は何時に開店しますか？

2. (Venice) (Shores) is always full of vacationers.

　ベニス海岸はいつも行楽客でいっぱいだ。

　※ Venice Shores は固有名詞扱いなので、be 動詞は is になっています。

3. The (ice) (show) was the best one I've ever seen.

　このアイスショーは今まで見た中で一番だった。

4. Only a golfer like you can hit such a (gorgeous) (shot).

　君のようなゴルフプレイヤーだけがすばらしいショットを打てる。

5. Her (voice) (shook) as she spoke.

　話していたとき、彼女の声は震えていた。

6. We're doing (Christmas) (shopping) today.

　今日はクリスマス用の買い物をします。

7. The (blouse) (shrinks) in the dryer, so don't put it in there.

　このブラウス、乾燥機だと縮んでしまうので、中に入れないで。

スライド型　/z/ と /ʃ/

/z/ と /ʃ/ が隣り合うと「シ」になる

　有声音の /z/ が同化を起こし隣の音に吸収されてしまうと、本来あるはずの「ズ」はほぼ聞こえません。Does she ...? をゆっくり「ダズシィ」と言ってもらえれば何とか聞き取れそうですが、スピードのついた会話では「ダァシィ」となるので、これでは耳がパニックを起こしてしまうかもしれません。何度も音源を聞き、音声変化に耳を慣らしましょう。

Track **161**

	つづり字の種類	発音記号	単語・句	聞こえ方	リスニングのコツ
同化なし	z + sh s + sh (sが/z/のとき)	/z + ʃ/ → /z ʃ/ ズシ	does she	ダズシィ	同化ありのほうでは「ズシ」が「シ」と短くなってしまうため、doesがそれを補完するかたちで母音が「ダァ」と伸びています。
同化あり		/z + ʃ/ → /ʃ/ シ		ダァシィ	

リスニングメモ

　実は、have to と of course の場合にも同化が起きています。赤い箇所は有声音のつづり字ですが、隣の t と c が無声音であるために、それにつられる格好で無声化しています。よって、have to「ハヴトッ」は「ハフトッ」に、of course「オヴコース」は「オフコース」に変化してしまうのです。

リスニング・トレーニング

ステップ 1　発音エクササイズ

Track **162**

　最初は同化なし、次に同化ありの音声が流れますので、それぞれあとについて発音しましょう。

1. s + sh　　　　　　　　Is she ...?（彼女は〜ですか？）
2. s + sh　　　　　　　　as she is（彼女のままで）
3. s + sh　　　　　　　　wise shopper（賢い買い物客）
4. s + sh　　　　　　　　was shortened（〜は短縮された）

ステップ 2　単語の聞き取りクイズ

Track **163**

　フォニックス・ナビをヒントに、同化の音を含む単語を（　　）に書きましょう。

/s/ + /ʃ/ → /ʃ/（シ）

フォニックス・ナビ	単語	
1. s + sh	（　　　　　）	（　　　　　　）
2. s + sh	（　　　　　）	（　　　　　　）
3. s + sh	（　　　　　）	（　　　　　　）
4. s + sh	（　　　　　）	（　　　　　　）
5. s + sh	（　　　　　）	（　　　　　　）
6. s + sh	（　　　　　）	（　　　　　　）

答え

1. as shown ...　（〜によって示されているように）
2. Does she ...?　（彼女は〜ですか？）
3. Has she ...?　（彼女は〜ですか？）【現在完了形の疑問文】
4. Was she ...?　（彼女は〜でしたか？）
5. has shrunk　（〜は縮んでしまった）
6. because she's ...　（なぜなら彼女は〜だ）

ステップ3　文の聞き取りクイズ　　　　　　　　　　　　○ Track **164**

同化の音を含む単語を（　　）に書き、文を完成させましょう。

1. John (　　　　　　　) (　　　　　　　　　　) at her remark.
2. (　　　　　　　) (　　　　　　　　　) ever been to Greece?
3. (　　　　　　　) (　　　　　　　　) of money yet again.
4. (　　　　　　　) (　　　　　　　　) in the tuxedo, isn't he?
5. Vicky is always as happy (　　　　　　　) (　　　　　　) looks.
6. The lamp (　　　　　　　) (　　　　　　　) in my eyes.
7. (　　　　　　　) (　　　　　　　) everyone the photos taken in Italy.
8. The (　　　　　　　) (　　　　　　　) as the sun rises higher.
9. It's as simple (　　　　　　) (　　　　　　) thinks.
10. I think (　　　　　　　) (　　　　　　　).

1. John (was) (shocked) at her remark.

   ジョンは彼女の発言にショックを受けた。

2. (Has) (she) ever been to Greece?

   彼女はギリシャへ行ったことがありますか？

3. (He's) (short) of money yet again.

   ヘンリーはまた金欠だ。

4. (Justin's) (sharp) in the tuxedo, isn't he?

   ジャスティンのタキシード姿、カッコイイね。

5. Vicky is always as happy (as) (she) looks.

   見た目通り、ヴィッキーはいつもハッピーだ。

6. The lamp (is) (shining) in my eyes.

   ランプの明かりが目に入ってまぶしい。

7. (She's) (showing) everyone the photos taken in Italy.

   彼女はイタリアで撮った写真をみんなに見せている。

8. The (shadows) (shorten) as the sun rises higher.

   日が高くなると影は短くなる。

9. It's as simple (as) (she) thinks.

   彼女が思うのと同じぐらい簡単ですよ。

10. I think (he's) (shady).

    彼はいかがわしい人だと思う。

Lesson 04 短縮

複数の単語がまとまり、音が簡略化される

　短縮形は中学校で習う基本的なルールの1つですので、機械的にパターンを覚えてしまえば取り立てて難しいということはないでしょう。しかしながら、聞き取りに関して言えばちょっとばかり面倒な点があります。それは何かというと、短縮された単語が違う単語に聞こえてしまうことです。実は、自然なスピードの会話では there's（～がある）は *theirs*（彼らのもの）、they're（彼らは～です）は *their*（彼らの）または *there*（そこ）と同音異義語化してしまうのです。

```
there's  ⟷  theirs
              彼らのもの？

they're  ⟷  their? there?
              彼らの？そこ？
```

　もちろん文法的な判断から、または会話の流れから何を言っているのか推測することは可能ですが、憶測だけでは何とも心もとないですし、誤った解釈をしかねません。できることなら、聞いた瞬間に音そのものを正しく仕留めたいものです。なお、実際の会話では、短縮形の"かたち"を知っていても"聞こえ方"を知らなければ、本当の意味で理解していることにはなりません。聞き取りの技術に関して言えば、「there と is がくっついて there's になる」という思い切りのいいジャッジメ

ントが必要なのです。ネイティブスピーカーは余分なエネルギーを使わないよう可能な限りの温存を行います。縮めることはエネルギー温存の流儀であり、それはほぼ無意識に行われるのです。**見た目と音のねじれの攻略こそが、リスニング攻略の突破口になるのです。**

　さて、同音異義語化するのは there's や they're だけではありません。他にも he'll（彼は〜でしょう）と heel（かかと）、I'll（私は〜でしょう）と aisle（通路）、we'd と weed（雑草）などがあります。実際のところ、We'd be happy to. と聞いて Weed be happy to. と勘違いしてしまう人はまずいないとは思いますが、Their children help to weed the garden.（彼らの子どもたちは庭の草むしりを手伝う）でしたら、ひょっとして一瞬戸惑ってしまうかもしれません。

　この他にも chase her（彼女を追いかける）は chaser（追っ手）、send her（彼女に送る）は sender（発送人）といったように、動詞の後に目的語の her が続くと「〜する人」に聞こえることがあります。これは her の h が脱落し、残った er が接尾語の -er にすり替わってしまうことが原因なのですが、teach her（彼女に教える）が teacher（先生）に聞こえたり、meet her（彼女に会う）にいたっては、まったく違う単語の meter（メートル）に聞こえてしまうこともあります。

're 型

「ァ」に聞こえる

're 型の短縮形に出てくるのは are だけです。なお、They are ...や We are ...など主語が複数形、または現在時制の文のときに 're 型が使われます。

● Track **165**

	つづり字の種類	発音記号	単語・句	聞こえ方	リスニングのコツ
短縮なし	are	/ɑːr/ アー	they are (彼らは〜です)	ゼィアー	they're は *their* のように聞こえるので注意が必要です。
短縮あり		/ə/ ア	they're	ゼァ	

リスニング・トレーニング

ステップ 1　発音エクササイズ

● Track **166**

最初は<u>短縮なし</u>、次に<u>短縮あり</u>の音声が流れますので、それぞれあとについて発音しましょう。

短縮なし		短縮あり	意味
1. they are	→	they're	（彼らは〜です）
※ *their* のように聞こえる			
2. we are	→	we're	（私たちは〜です）
3. you are	→	you're	（あなたは〜です）
※ *your* のように聞こえる			

短縮の音を含む単語を（   ）に書きましょう。

1. (   ) 2. (   )
3. (   )

答え

1. we're 2. they're
3. you're

短縮の音を含む単語を（   ）に書き、文を完成させましょう。

1. (   ) best friends of mine.
2. (   ) going on a honeymoon trip in June.
3. I'm wondering if (   ) taking part in the party.
4. (   ) always complaining about your income.
5. (   ) planning to move house next year.
6. What (   ) saying totally makes sense to me.
7. (   ) still waiting for the bus to come.
8. Will you take care of our cat while (   ) away?
9. (   ) exactly right.
10. (   ) having a good time.

1. (They're) best friends of mine.

   彼らは私の親友です。

2. (We're) going on a honeymoon trip in June.

   私たちは6月にハネムーン旅行に行きます。

3. I'm wondering if (they're) taking part in the party.

   彼らは来週パーティーに参加できるかしら。

4. (You're) always complaining about your income.

   君はいつも収入に関して文句を言っているね。

5. (We're) planning to move house next year.

   私たちは来年引っ越しをする予定です。

6. What (you're) saying totally makes sense to me.

   君の言っていることは、まったくもって理にかなっている。

7. (They're) still waiting for the bus to come.

   彼らはまだバスが来るのを待っている。

8. Will you take care of our cat while (we're) away?

   私たちが家を空けている間、ネコの面倒をみてもらえますか。

9. (You're) exactly right.

   君はまさに正しい。

10. (We're) having a good time.

    楽しい時間を過ごしています。

’s 型

「ズ」に聞こえる

She's Japanese. の She's は She is、Jim's met her before. の Jim's は Jim has の短縮形です。このように ’s 型は、is や完了形の has が含まれる文で使われます。

Track **169**

	つづり字の種類	発音記号	単語・句	聞こえ方	リスニングのコツ
短縮なし	is has ※完了形のとき	/iz/ イズ /hæz/ ハズ	he is （彼は〜です） he has （彼は〜だ） ※現在完了形	ヒーイズ ヒーハズ	he's は his（彼のもの）と同音異義語化してしまうので要注意です。なお、過去形の was は原則として短縮形になりません。
短縮あり		どちらも /z/ ズ	he's	ヒズ	

リスニング・トレーニング

ステップ1 発音エクササイズ　🔘 Track **170**

　最初は<u>短縮なし</u>、次に<u>短縮あり</u>の音声が流れますので、それぞれあとについて発音しましょう。

短縮なし		短縮あり	意味
1. she is/has	→	she's	（彼女は〜です）
2. he is/has	→	he's	（彼は〜です）
※ *his* のように聞こえる			
3. one is/has	→	one's	（1つは〜です）
4. Jack is/has	→	Jack's	（ジャックは〜です）
※直前が無声子音のとき、's は /s/ のように響きます。			
5. when is/has	→	when's	（いつ〜ですか）
6. how is/has	→	how's	（どのように〜ですか）
7. where is/has	→	where's	（どこで〜ですか）
8. who is/has	→	who's	（誰が〜ですか）
※ *whose* のように聞こえる			

　ナチュラルスピードの聞こえ方に合わせ、Jack's のように人名と動詞をアポストロフィーでつなげていますが、書き言葉として表す場合は Jack is のように語を開くのが一般的です。なお、人名以外に、my name's（= my name is）の name など普通名詞の場合も同様です。

ステップ2 単語の聞き取りクイズ　🔘 Track **171**

　短縮の音を含む単語を（　　）に書きましょう。

1. (　　　　　　　　)　　2. (　　　　　　　　)
3. (　　　　　　　　)　　4. (　　　　　　　　)
5. (　　　　　　　　)　　6. (　　　　　　　　)
7. (　　　　　　　　)　　8. (　　　　　　　　)

1. she's   2. who's

3. how's   4. where's

5. one's   6. Kim's

7. he's   8. when's

ステップ 3 文の聞き取りクイズ

短縮の音を含む単語を（　　）に書き、文を完成させましょう。

1. (   ) welcome.
2. (   ) not in right now.
3. (   ) as old as my son.
4. My (   ) Yuki Harris.
5. (   ) the tall man standing next to John?
6. The (   ) been falling for hours.
7. Which (   ) yours?
8. (   ) the file?
9. (   ) the weather in Florence?
10. That (   ) less expensive than this one.

答え

1. (Anybody's) welcome.

   どなたでも歓迎します。

2. (Judy's) not in right now.

   ただいまジュディは席を外しています。

3. (He's) as old as my son.

   彼は私の息子と同じ歳です。

4. My (name's) Yuki Harris.

   私の名前はユキ ハリスです。

5. (Who's) the tall man standing next to John?

   ジョンの隣に立っている、あの背の高い男性は誰ですか？

6. The (rain's) been falling for hours.

   雨が何時間も降っている。

7. Which (one's) yours?

   あなたのはどれ？

8. (Where's) the file?

   ファイルはどこですか？

9. (How's) the weather in Florence?

   フィレンツェの天気はどんな感じですか。

10. That (one's) less expensive than this one.

   あれはこれよりも値段が高くありません。

'd 型

「ドッ」に聞こえる

　'd 型は would や had の短縮形です。would も had も d で終わっていますので、I'd like（アィッライク）のように、次に続く音によって脱落が起こり、d の箇所は「ッ」となります。

Track **173**

	つづり字の種類	発音記号	単語・句	聞こえ方	リスニングのコツ
短縮なし	would had ※完了形のとき	/wud/ ウッド /hæd/ ハド	I would （私は〜だろう） I had （私は〜だった） ※過去完了形	アィウッド アィハド	She had long hair.（彼女は長髪だった）のように所有を表す場合の have の過去形 had は、短縮形にはなりません。
短縮あり		どちらも /d/ ド	I'd	アィドッ♪	

ステップ 1 発音エクササイズ

🔘 Track **174**

　最初は<u>短縮なし</u>、次に<u>短縮あり</u>の音声が流れますので、それぞれあとについて発音しましょう。

短縮なし		短縮あり	意味
1. I would/had	→	I'd	（私は〜だろう）

※過去完了形の had。以下 2 〜 9 も同様。

※動詞 eye（じろじろ見る）の過去形 *eyed* と同じ発音です。

2. you would/had	→	you'd	（あなたは〜だろう）
3. she would/had	→	she'd	（彼女は〜だろう）
4. he would/had	→	he'd	（彼は〜だろう）
5. it would/had	→	it'd	（それは〜だろう）
6. we would/had	→	we'd	（私たちは〜だろう）
7. they would/had	→	they'd	（彼らは〜だろう）
8. Sally would/had	→	Sally'd	（サリーは〜だろう）
9. who would/had	→	who'd	（誰が〜だろうか）

※ hood（洋服のフード）の音に似ているので注意。なお、hood の母音は短く「フッ（ド）」と響きます。

　ここでも聞こえ方に合わせて人名（Sally）に 'd をつけていますが、書き言葉では Sally would のように分けて表します。

短縮の音を含む単語を（　　　）に書きましょう。

1. (　　　　　　　　　)　　　2. (　　　　　　　　　)
3. (　　　　　　　　　)　　　4. (　　　　　　　　　)
5. (　　　　　　　　　)　　　6. (　　　　　　　　　)
7. (　　　　　　　　　)　　　8. (　　　　　　　　　)
9. (　　　　　　　　　)

答え

1. it'd　　　　　　　　　　2. he'd
3. you'd　　　　　　　　　4. I'd
5. she'd　　　　　　　　　6. who'd
7. we'd　　　　　　　　　8. they'd
9. Amy'd

短縮の音を含む単語を（　　　）に書き、文を完成させましょう。

1. (　　　　　　　) look stupid in the pink hat.
2. John asked me if (　　　　　　　) help him.
3. (　　　　　　　) feel guilty one day if you didn't apologize to her.
4. (　　　　　　　) be truly happy to hear the result.
5. (　　　　　　　) really like to meet you during their stay in Japan.
6. If only (　　　　　　) come!
7. (　　　　　　　) be nice if you could join us too.
8. When I got to the party, (　　　　　　　) gone.
9. (　　　　　　　) rather stay home tonight.
10. Why did you say (　　　　　　　) do it in the first place?

1. (She'd) look stupid in the pink hat.

   彼女、あんなピンクの帽子をかぶっているとヘンに見えるよね。

2. John asked me if (I'd) help him.

   ジョンは手伝えるかどうかを私にたずねた。

3. (You'd) feel guilty one day if you didn't apologize to her.

   彼女に謝らなければ、いつか後ろめたさを感じるでしょう。

4. (He'd) be truly happy to hear the result.

   その結果を聞けば、彼はとても喜ぶでしょう。

5. (They'd) really like to meet you during their stay in Japan.

   日本に滞在中、彼らはあなたと会いたがっています。

6. If only (Jane'd) come!

   ジェーンが来られたらいいのに！

7. (It'd) be nice if you could join us too.

   あなたも参加できたらいいのに。

8. When I got to the party, (everyone'd) gone.

   パーティーに着いたときには、全員いなくなっていた。

9. (We'd) rather stay home tonight.

   今夜、私たちはどちらかというと家にいたいです。

10. Why did you say (you'd) do it in the first place?

    どうして最初からそうするつもりだったと言ったわけ？

'**ve 型**

「ヴ」に聞こえる

短縮のルール②の has と同様に、've 型は完了形の短縮形で使われます。あまり見慣れないかもしれませんが、must've（マスッタヴ）のように助動詞と have がくっついたものもあります。

Track **177**

	つづり字の種類	発音記号	単語・句	聞こえ方	リスニングのコツ
短縮なし	have ※完了形のとき	/hæv/ ハヴ	we have （私たちは〜だ） ※現在完了形	ウィーハ ヴ	must've (must + have)やshould've (should + have)のように助動詞と have の短縮形もあり、会話ではこの形がよく使われます。
短縮あり		/v/ ヴ	we've	ウィーヴ	

リスニング・トレーニング

ステップ 1　発音エクササイズ

○ Track **178**

　最初は<u>短縮なし</u>、次に<u>短縮あり</u>の音声が流れますので、それぞれあとについて発音しましょう。

短縮なし		短縮あり	意味
1. I have	→	I've	（私は〜を持っている）

※現在完了形の have。以下 2 〜 4 も同様。

2. you have	→	you've	（あなたは〜を持っている）
3. we have	→	we've	（私たちは〜を持っている）

※ *weave*（織る）のように聞こえます。

4. they have	→	they've	（彼らは〜を持っている）
5. should have	→	should've " シュッダヴ "	（〜するべきだったのに）
6. could have	→	could've " クッダヴ "	（〜できただろうに）
7. might have	→	might've " マィタヴ "	（〜だったかもしれない）
8. must have	→	must've " マスッタヴ "	（〜だったに違いない）

ステップ 2　単語の聞き取りクイズ

○ Track **179**

　短縮の音を含む単語を（　　　）に書きましょう。

1. (　　　　　　　　)　　　2. (　　　　　　　　)
3. (　　　　　　　　)　　　4. (　　　　　　　　)
5. (　　　　　　　　)　　　6. (　　　　　　　　)
7. (　　　　　　　　)　　　8. (　　　　　　　　)

答え

1. might've　　　　　　　　2. you've

3. they've　　　　　　　　4. must've

5. I've　　　　　　　　　　6. should've

7. we've　　　　　　　　　8. could've

短縮の音を含む単語を（　　　）に書き、文を完成させましょう。

1. (　　　　　　　　　) driven me crazy!
2. Ted (　　　　　　　　) overslept again.
3. (　　　　　　　　) had a whale of a time.
4. (　　　　　　) just left here.
5. It (　　　　　　　) been worse.
6. You (　　　　　　　　) studied harder before the exam.
7. (　　　　　　　　) tried eating durian but can't get past the smell.
8. I (　　　　　　) known better.
9. I guess (　　　　　　) gone too far.
10. He (　　　　　　　) been working late that night.

答え

1. (You've) driven me crazy!
   あなたにはイライラさせられる！

2. Ted (might've) overslept again.
   テッドはまた寝過ごしてしまったのかも。

3. (We've) had a whale of a time.
   めちゃめちゃ楽しい時間を過ごした。

4. (They've) just left here.
   彼らはたった今ここを出ました。

5. It (could've) been worse.
   もっとひどくなっていたかもしれない。

6. You (should've) studied harder before the exam.
   君は試験前にもっと一生懸命勉強するべきだった。

7. (I've) tried eating durian but can't get past the smell.
   ドリアンを食べてみようとしたけど、においがダメだった。

8. I (would've) known better.
   もっとちゃんと知っていたならなあ。

9. I guess (you've) gone too far.
   君は度を超えていると思うよ。

10. He (must've) been working late that night.

昨晩、彼は夜遅くまで仕事をしていたに違いない。

'll 型

「ゥ」に聞こえる

'll 型は will の短縮形です。she'll (= she will) や he'll (= he will) の他、who'll (= who will) のように、疑問詞とくっついて 'll 型を作ることもあります。

🔘 Track **181**

	つづり字の種類	発音記号	単語・句	聞こえ方	リスニングのコツ
短縮なし	will	/wil/ ウィゥ	he will (彼は〜でしょう)	ヒー *ウィゥ*	he'll は *heal*（癒す）の音によく似ています。さらにスピードがつくと *hill*（丘）の音のように短くなってしまいます。
短縮あり		/l/ ゥ	he'll	ヒーゥ	

リスニング・トレーニング

ステップ 1　発音エクササイズ

Track **182**

　最初は<u>短縮なし</u>、次に<u>短縮あり</u>の音声が流れますので、それぞれあとについて発音しましょう。

短縮なし		短縮あり	意味
1. I will	→	I'll	（私は〜だろう）

　※ *aisle*（通路）のように聞こえる。

2. you will	→	you'll	（あなたは〜だろう）
3. he will	→	he'll	（彼は〜だろう）

　※ *heal*（癒す）、*heel*（かかと）のように聞こえる。さらにスピードがつくと *hill*（丘）。

4. she will	→	she'll	（彼女は〜だろう）
5. we will	→	we'll	（私たちは〜だろう）
6. they will	→	they'll	（彼らは〜だろう）
7. who will	→	who'll	（誰が〜だろう）

　※ who の w は読みません。

8. that will	→	that'll	（それは〜だろう）
9. John will	→	John'll	（ジョンは〜だろう）

　※ John'll の下線部分がくっつき「ジョンノゥ」に。

　他の型と同じく、聞こえ方に合わせて人名（John）に 'll をつけていますが、こちらも書き言葉では John will のように分けて表記するのが一般的です。

ステップ 2　単語の聞き取りクイズ

Track **183**

　短縮の音を含む単語を（　　）に書きましょう。

1. (　　　　　　　)　　2. (　　　　　　　)
3. (　　　　　　　)　　4. (　　　　　　　)
5. (　　　　　　　)　　6. (　　　　　　　)

短縮のルール⑤　229

7. (　　　　　　　)　　　　8. (　　　　　　　　　　)

9. (　　　　　　　)

答え

1. we'll	2. they'll
3. he'll	4. who'll
5. that'll	6. Joe'll
7. I'll	8. she'll
9. you'll	

ステップ3　**文の聞き取りクイズ**　　　　　 Track **184**

　短縮の音を含む単語を（　　）に書き、文を完成させましょう。

　「名詞＋'ll」のパターーンがいくつか登場しますので、慣れないうちは音源を
何度も聞き、音の特徴をつかんでください。

---

1. (　　　　　　　　) meet you around the front.
2. The (　　　　　　　) be held next Monday.
3. (　　　　　　　) be 26 dollars.
4. (　　　　　　　　) come to know the news sooner or later.
5. Your wedding (　　　　　　　) make everyone cry.
6. Sorry, (　　　　　　　) be half an hour late.
7. The (　　　　　) be a big success.
8. (　　　　　　　) act for Ken in his absence?
9. (　　　　　) clear up in an hour or so.
10. The (　　　　　　) hold up to five people.

1. (I'll) meet you around the front.

   正面玄関のあたりで会いましょう。

2. The (meeting'll) be held next Monday.

   会議は来週の月曜日に開かれます。

3. (That'll) be 26 dollars.

   26 ドルです。

4. (Rick'll) come to know the news sooner or later.

   遅かれ早かれ、リックはそのニュースを知ることになるでしょう。

5. Your wedding (speech'll) make everyone cry.

   あなたの結婚スピーチはみんなを感動させるでしょう。

6. Sorry, (we'll) be half an hour late.

   すみません、私たちは 30 分遅刻します。

7. The (charity'll) be a big success.

   そのチャリティーは大成功するでしょう。

8. (Who'll) act for Ken in his absence?

   ケンがいない間、誰が代理を務めるの？

9. (It'll) clear up in an hour or so.

   あと 1 時間ほどで晴れるでしょう。

10. The (car'll) hold up to five people.

    車は 5 人まで乗れます。

Lesson 05 弱形

音が短く弱く発音される

　英語には「強形」と「弱形」があり、**機能語と呼ばれる冠詞や人称代名詞、前置詞などの単語はたいていの場合、文中では弱くなってしまいます。**ネイティブスピーカーにしてみれば、弱かろうが何であろうがちゃんと発音しているという感覚があるようですが、そういった音は私たちの耳にはなかなか簡単に飛び込んできてくれません。例えば、some money をいわゆる教科書風に 1 語ずつきっちりと読めば「サムマニー」ですが、ナチュラルスピードでは「スンマニィ」、さらに勢いがつくと「スマニ」にまで変容してしまいます。

---

some money
（いくらかのお金）

---

① 教科書的な読み方
「サムマニー」

② スピードがつくと
「スンマニィ」

③ さらに速くなると
「スマニ」！

スマニ…では、何のことやらさっぱりわかりませんね。では、**なぜ弱く発音されてしまうのかというと、答えはいたってシンプル。この文脈において** some **は意味上さほど重要ではないからです。**もちろん、あえて強く SOME money と言えないこともないのですが、おそらく聞き手は「なぜ some を強めているのかな？」「んん、この some にはどういう意味が含まれているのだろう…？」と話者の真意を必死に探ろうとするに違いありません。

弱くて短い音を聞き取るためには、とにかくリスニングの精度を上げ、練習の数をこなしていかなければなりません。"聞こえない音のパターンをつぶす"という地道な作業を繰り返し、耳を鍛え上げていくのです。また、**言えない単語は聞き取れませんから、発音力の向上も必要になってきます。**トレーニングを行いながら、音声変化のバリエーションを脳の中に１つひとつストックしていくことが勝利への道です。ここまで読んでお気づきになったかもしれませんが、聞き取りに必要なのは鳩と帽子（マジック）ではなく、**実質的なパターンの攻略と経験値の積み上げな**のです。

▶ 内容語と機能語について

さて、強形と弱形のキーワードは「内容語」と「機能語」です。機能語は日本語で言えば「が」や「は」などの助詞のように、小さな構成因子ではあるけれども文の構造においてなくてはならない語のことです。英語では a や the などの冠詞、it や them などの代名詞、in や on などの前置詞がそれにあたります。一方、内容語は文脈を与える中心的な役割を担い、意味を構築する上で決して欠かすことができません。apple や test などの名詞、work や listen などの動詞がそうです。

なお、ここまで読んでお気づきになったと思いますが、単語は文の中で常に同じ強さで読まれるわけではなく（それですと日本語なまりの強い発音になってしまいます…）、**①意味上において重要な単語は強く、②文法機能上必要ではあるけれど意味的にはさほど重要ではない単語は弱く発音される**という大原則に基づいています。文の意味を構築する単語は**①内容語（形容詞や動詞など）、文法的ファンクションとして存在する単語は②機能語（冠詞や前置詞など）**と呼ばれ、内容語と機能語が文章に強弱を与え、そこにリズムが生まれ、話者は着地点に向かって山と谷を登ったり降りたりしながら進んでいくのです。

下記は内容語と機能語の一覧表ですので、リスニングのトレーニングに入る前に
しっかりと頭に入れておきましょう。

▶ 内容語と機能語の一覧

Track **185**

内容語 〜 原則として「強形」になる単語 〜	
品詞	※赤い単語が<u>内容語</u>です。
名詞	I go to school by bus. （バスで学校に行きます）
動詞	I work from Monday to Friday. （月曜から金曜まで仕事をしている）
形容詞	Shelly is polite and quiet. （シェリーは礼儀正しく、物静かです）
副詞	Pete blew his nose noisily. （ピートは大きな音を立てて鼻をかんだ）
疑問詞	When will you see Ken? （いつケンと会うの？）
指示代名詞	This is my brother, John. （こちらが兄のジョンです）
所有代名詞	Is this yours or hers? （これは君のもの、それとも彼女のもの？）
否定詞	I'm not from Tokyo. （東京出身ではありません）
感嘆詞	Oh! （あぁ！）

品詞	※グレーの単語が機能語です。
機能語 〜 原則として「弱形」になる単語 〜	
冠詞	I took a taxi to the airport. （空港までタクシーで行った）
人称代名詞	I'll ask her first. （まず彼女に聞いてみます）
関係代名詞	I trust people who never lie to anybody. （誰にも嘘をつかない人を信用する）
関係副詞	Canada is a country where I used to live. （カナダは私がかつて住んだ国です）
不定形容詞	I want some coffee. （コーヒーがほしいです）
be動詞	Betty is American. （ベティはアメリカ人です）
助動詞	He can speak Mandarin. （彼は中国語が話せます）
前置詞	We'll go to the town next week. （来週その町へ行きます）
接続詞	The children sang and danced with the song. （子どもたちは曲に合わせて歌って踊った）

内容語であっても、(1) 時を表す名詞の前に来る this、(2) 漫然とした事柄を示す thing や place などは、強さがやや弱まる傾向があります。

(1) We had a meeting with the manager <u>this</u> morning.
　　（今朝、部長との会議があった）
(2) That's a hard <u>thing</u> for me to do.
　　（それは私にとっては難しいことです）

＜本章の「リスニング・トレーニング」について＞

★ 強形と弱形の音の差別化を図るために、ステップ1の「発音エクササイズ」では、強形は大文字で、弱形は小文字で表すことにします。

・SOME bread（強形）
・some bread（弱形）

★ 会話の中では機能語は弱形になるのが一般的ですが、英語の耳を鍛えるという観点から、本編では強形と弱形の両方の音声を収録しています。

冠詞と不定形容詞

a, an, the, some, any には「強形」と「弱形」がある

　不定冠詞の a および an は最小単位の音の構成ですが、高度で複雑な文法的な役割を担っているのみならず、リスニングにおいても実に興味深い点があります。原則として、どちらも文中では弱く読まれますが、an においては n が隣の単語の母音のほうへ引っ張られて、本来の音のかたちをとどめなくなってしまいます。例えば、an orange（１つのオレンジ）は、n が o のほうへスライドして no となり、想定外の「ノ」が突如として出現します。そして、変化はこれだけではありません。実は、置き去りにされてしまった a の音はすっかり弱化してしまい、ほとんど聞こえません。見て簡単な an orange は聞いて難しい *a norange*「ァノーレンジ」に姿を変えてしまうのです。

---

an orange ➡ a norange ➡ 「ァノーレンジ」

n がスライドしてしまう！

　私たちは何とかしてこの謎の " ノーレンジ " の正体を探ろうとしますが、音の法則を知らなければ、結局のところそれが何であったのかわからずじまい、という結果になりかねません。ほんの小さな、たった２文字の an がここまで音を変えてしまうとは…恐るべき不定冠詞の潜在的なるパワーです。

※表の見方

・「強形」は、意味を強調する必要があるときの読み方です。

・脱落のある箇所は「ッ♪」で表しています。

		単語	発音記号	例	聞こえ方	リスニングのコツ
1	強形	a	/ei/ エィ	a place （1つの場所）	エィプレイス	会話では、a はほとんどの場合において弱形になりますが、意味を強調する際は「エィ」となります。
	弱形		/ə/ ア		アプレイス	
2	強形	an	/æn/ アーン	an orange （1個のオレンジ）	アーンオーレンジ	弱形は「アン」ですが、実際は n が右へスライドし、o と連結して「ノ」の音を生み出します。
	弱形		/ən/ アン		アノーレンジ	
3	強形	the	/ði:/ ズィー	the book （その本） the ink （そのインク）	ズィーブック ズィーインク	the と言えば「ザ」が定番ですね。なお、意味を特に強調したいときは「ズィー」と語尾を伸ばし気味に発音されます。
	弱形		（子音の前） /ðə/ ザ （母音の前） /ði/ ズィ		ザブッ♪ ズィインッ♪	

4	強形	some	/sʌm/ サム	some people (何人かの人々)	サムピーポゥ	some people の強形では「ム」から「ピ」へ移る際に唇が一度開きますが、弱形では「ン」から「ピ」まで両唇をくっつけたまま発音されます。
	弱形		/sm/ スン		スンピーポゥ	
5	強形	any ※主として否定文で	/eni/ エニィー	any meat (いくらかの肉)	エニーミートッ	any の弱形には語尾の伸びがありませんので、その点が強形との大きな違いです。
	弱形		/əni/ エニ		エニミーッ♪	

　最初は強形、次に弱形の音声が流れますので、それぞれあとについて発音しましょう。

強形	弱形	意味
1. A day	a day	（１日）
2. A book	a book	（１冊の本）
3. AN idea	an idea	（１つの考え）
4. AN apple	an apple	（１個のリンゴ）
5. THE sun	the sun	（太陽）
6. THE elevator	the elevator	（そのエレベーター）
7. SOME butter	some butter	（いくらかのバター）
8. SOME friends	some friends	（何人かの友人）
9. ANY money	any money	（いくらかのお金） ※主に、疑問文・否定文で
10. ANY types	any types	（いくつかのタイプ） ※主に、疑問文・否定文で

　強形と弱形がそれぞれ読まれますので、聞こえた順に答えを選び○で囲みましょう。

1. a house　　　　　１回目　（強形・弱形）　　　２回目　（強形・弱形）

2. an uncle　　　　　１回目　（強形・弱形）　　　２回目　（強形・弱形）

3. the man　　　　　１回目　（強形・弱形）　　　２回目　（強形・弱形）

4. the album　　　　１回目　（強形・弱形）　　　２回目　（強形・弱形）

240

5. some bread　　　　　1回目　（強形・弱形）　　2回目　（強形・弱形）

6. any pens　　　　　　1回目　（強形・弱形）　　2回目　（強形・弱形）

1. a house （1軒の家）	1回目（強形）	2回目（弱形）
2. an uncle （1人の叔父）	1回目（強形）	2回目（弱形）
3. the man （その男性）	1回目（弱形）	2回目（強形）
4. the album （そのアルバム）	1回目（弱形）	2回目（弱形）
5. some bread （いくらかのパン）	1回目（弱形）	2回目（強形）
6. any pens （いくつかのペン）	1回目（強形）	2回目（弱形）

ステップ3　文の聞き取りクイズ　　　　Track **190**

弱形の音などを含む単語を（　　）に書き、文を完成させましょう。

1. It looks like (　　　　　) (　　　　　　　).
2. I have (　　　　　) (　　　　　　　) living in the town.
3. He went outside for (　　　　　) (　　　　　　) of fresh air.
4. I don't have (　　　　　) (　　　　　　) today.
5. (　　　　　) (　　　　　　) or salad?
6. You can jazz up your coat with (　　　　　) (　　　　　　) scarf.
7. It rained a lot during (　　　　　) (　　　　　　) of June.
8. Tokyo is (　　　　　) (　　　　　　) city.
9. There isn't (　　　　　) (　　　　　　) in the fridge.
10. You can see (　　　　　) (　　　　　　) up close in the zoo.

弱形のルール①　241

※赤い箇所は、当ルールで学んだ弱形の単語です。

1. It looks like (an) (egg).

   卵みたいに見える。

2. I have (some) (friends) living in the town.

   その町に住んでいる友人がいます。

3. He went outside for (a) (breath) of fresh air.

   彼は新鮮な空気を吸いに外へ出た。

4. I don't have (any) (plans) today.

   今日は何も予定がない。

5. (Some) (soup) or salad?

   スープ、それともサラダ？

6. You can jazz up your coat with (a) (colorful) scarf.

   カラフルなスカーフでコートが華やぎます。

7. It rained a lot during (the) (month) of June.

   ６月はたくさん雨が降った。

8. Tokyo is (an) (interesting) city.

   東京は面白い街です。

9. There isn't (any) (juice) in the fridge.

   冷蔵庫には少しもジュースがない。

10. You can see (the) (animals) up close in the zoo.

    その動物園では間近で動物を見ることができる。

人称代名詞

人称代名詞には「強形」と「弱形」がある

　次のページの表では学生時代に暗唱した「アィ、マィ、ミー」が登場します。実はこれは I my me の「強形」の読み方で、文脈においてさほど重要ではないと判断された場合、音は弱くなってしまいます。つまり、my pen であれば my の「ィ」がかなり小さくなるか、または「マペン」までリダクションしてしまいます。さて、注目すべき代名詞グループは he his him です。というのも、ナチュラルスピードでは弱形が脱落を誘発し、ほとんどの場合において下線部分の音は落ちてしまうのです。これは日本人にとっては由々しい事態と言えるでしょう。なぜなら、he his him の読み方をおそらくは「ヒー、ヒズ、ヒム」でしか習ったことがないからです。では、弱形ではどのように響くのでしょうか?

弱形

he　　　　　**his**　　　　　**him**

イー　　　　　ィズ　　　　　　ィム

　「イー、ィズ、ィム」です。これでもかと言うほどに h の音が消えてしまっていますね。ちなみに「ピッキマッ」は何と言っているかおわかりになりますか。答えは pick him up なのですが、このような短いフレーズにも (1) him の弱形、(2) ck と him の連結、(3) up の p の音の脱落という 3 つの音声変化が混在しています。なお、His car is black. のように、文頭に He や His が来る場合、h の音はそのまま残りますので「イズカー」とはなりません。その点のすみ分けをはっきりさせておきましょう。

		単語	発音記号	例	聞こえ方	リスニングのコツ
1	強形	I my me	/ɑi/ アーィ /mɑi/ マィ /miː/ ミー	I am （私は〜です） my key （私の鍵） bring me （私に持ってくる）	アーィアム マィキー ブゥリンミー	Iの弱形はamとくっついてI'm（短縮形）になるのが一般的です。発音は「アム」ですが、ゆっくりめに発音すれば「アィム」のように母音が伸びます。なお、meの弱形は強形の「ミー」を短く速く読んだ音です。
	弱形		/ɑ/ ア(ィ) /mə/ マ /mi/ ミ		ア(ィ)ム (= I'm) マキー ブゥリンミ	
2	強形	you your	/juː/ ユー /juər/ ユアー	show you （君に見せる） your turn （君の番）	ショウユー ユアターン	show you やsee you などの目的語の you は、弱形となって「ヤ」または「ヨ」のように聞こえます。
	弱形		/jə/ ヤ /jər/ ヨ		ショウヤ ヨターン	

			/hiː/ ヒー	where he is (彼がいる ところ)	ウェアヒーイ ズ	文のはじめのheは常に強形ですが、where he isのように文中で挿入される場合、たいていは弱形になります。
3	強形		/hiz/ ヒズ		ザットイズヒ ズハウス	
		he his him	/him/ ヒム	that is his house (あれは彼 の家)	ノウヒム	
	弱形		/i:/ イー		ウェリイーズ	
			/iz/ ィズ	know him (彼を知っ ている)	ザリズィズハ ウス	
			/im/ ィム		ノウィム	
4	強形		/ʃiː/ シー	what she likes (彼女の好 きなこと)	ワッシーライ クス	she her her の弱形は「シー、ア、ア」です。なお、watch herはtch（チ）とer（ア）が連結し「チャ」の音を作ります。
		she her	/hɚ/ ハー		ウォッチハー	
	弱形		/ʃi/ シ	watch her (彼女を見 る)	ワッシライク ス	
			/ɚ/ ア		ウォッチャ	

5	強形	we our us	/wi:/ ウィー /ɑuə:r/ アゥワア /ʌs/ アス	we eat (私たちは 食べる） our son (私たちの 息子） send us (私たちに 送る）	ウィーイー トッ♪ アゥワアサン センドアス	usは母音で始まる目的語なので、send us やmeet us のように子音で終わる動詞と連結を起こします。「センダス」「ミータス」で意味が瞬時に取れるかどうかが聞き取りのポイントです。なお、our の強形はhour（時間）と同じ読み方をします。
	弱形		/wi/ ウィ /ɑ:r/ アー /əs/ アス		ウィイーッ♪ アーサン センダス	
6	強形	their them	/ðeər/ ゼェア /ðem/ ゼェム	their school (彼らの学校） let them (彼らに〜 させる）	ゼェアス クーゥ レットゼェム	口語ではthemは'emのように表しますが、これは聞こえ方をそのまま文字にしたものです。「レッム」と聞いてlet'emを導けるかどうかがリスニングのカギを握っています。
	弱形		/ðər/ ゼ /əm/ ム		ゼスクーゥ レッ♪ム (= let'em)	

ステップ 1　発音エクササイズ　　　　🔘 Track **192**

　最初は<u>強形</u>、次に<u>弱形</u>の音声が流れますので、それぞれあとについて発音しましょう。

強形	弱形	意味
1. WE can't	we can't	（私たちは～できません）
2. YOUR turn	your turn	（あなたの番）
3. I am	I am	（私は～です）
4. HER choice	her choice	（彼女の選択）
5. call ME	call me	（私に電話する）
6. show YOU	show you	（あなたに見せる）
7. here HE comes	here he comes	（彼が来たよ）
8. THEIR daughter	their daughter	（彼らの娘）
9. HIS mistakes	his mistakes	（彼のミス）
10. in OUR opinion	in our opinion	（私たちの意見では）
11. take HIM	take him	（彼を連れて行く）
12. MY bike	my bike	（私の自転車）
13. SHE has	she has	（彼女は持っている）
14. invite US	invite us	（私たちを招待する）
15. buy THEM	buy them	（それらを買う）

強形と弱形がそれぞれ読まれますので、聞こえた順に答えを選び○で囲みましょう。

1. my name　　　　　　1 回目　（強形・弱形）　　2 回目　（強形・弱形）

2. know me　　　　　　1 回目　（強形・弱形）　　2 回目　（強形・弱形）

3. I am　　　　　　　　1 回目　（強形・弱形）　　2 回目　（強形・弱形）

4. tell you　　　　　　1 回目　（強形・弱形）　　2 回目　（強形・弱形）

5. your car　　　　　　1 回目　（強形・弱形）　　2 回目　（強形・弱形）

6. he is　　　　　　　　1 回目　（強形・弱形）　　2 回目　（強形・弱形）

7. his pen　　　　　　　1 回目　（強形・弱形）　　2 回目　（強形・弱形）

8. ask him first　　　　1 回目　（強形・弱形）　　2 回目　（強形・弱形）

9. she does　　　　　　1 回目　（強形・弱形）　　2 回目　（強形・弱形）

10. her bag　　　　　　1 回目　（強形・弱形）　　2 回目　（強形・弱形）

11. till we start　　　　1 回目　（強形・弱形）　　2 回目　（強形・弱形）

12. our dog　　　　　　1 回目　（強形・弱形）　　2 回目　（強形・弱形）

13. call us now　　　　1 回目　（強形・弱形）　　2 回目　（強形・弱形）

14. their seats　　　　1 回目　（強形・弱形）　　2 回目　（強形・弱形）

15. take them　　　　　1 回目　（強形・弱形）　　2 回目　（強形・弱形）

答え

1. my name（私の名前）	1回目 （強形）	2回目 （弱形）	
2. know me（私を知っている）	1回目 （弱形）	2回目 （強形）	
3. I am（私は〜です）	1回目 （弱形）	2回目 （強形）	
4. tell you（あなたに言う）	1回目 （強形）	2回目 （弱形）	
5. your car（あなたの車）	1回目 （弱形）	2回目 （強形）	
6. he is（彼は〜です）	1回目 （弱形）	2回目 （強形）	
7. his pen（彼のペン）	1回目 （強形）	2回目 （弱形）	
8. ask him first（まず彼に聞く）	1回目 （強形）	2回目 （弱形）	
9. she does（彼女は〜する）	1回目 （弱形）	2回目 （強形）	
10. her bag（彼女のカバン）	1回目 （強形）	2回目 （弱形）	
11. till we start（私たちが始めるまで）	1回目 （弱形）	2回目 （強形）	
12. our dog（私たちの犬）	1回目 （強形）	2回目 （弱形）	
13. call us now（私たちに今電話する）	1回目 （強形）	2回目 （弱形）	
14. their seats（彼らの席）	1回目 （弱形）	2回目 （強形）	
15. take them（それらを取る）	1回目 （強形）	2回目 （弱形）	

ステップ 3 **文の聞き取りクイズ**　　　　　　　　　🔘 Track **194**

弱形の音などを含む単語を（　　）に書き、文を完成させましょう。

1. My mother was very tough (　　　　　) (　　　　　).
2. I'll (　　　　　) (　　　　　) tomorrow.
3. Can you (　　　　　) (　　　　　) (　　　　　)?
4. (　　　　　) (　　　　　) going to the movies tonight.
5. We'll make a short visit to (　　　　　) (　　　　　).
6. Matthew dropped a cube of sugar into (　　　　　) (　　　　　).
7. Congratulations on the birth (　　　　　) (　　　　　) son!
8. I think (　　　　　) (　　　　　) (　　　　　) back home soon.
9. (　　　　　) (　　　　　) (　　　　　).
10. How (　　　　　) (　　　　　) (　　　　　) to dig a hole for yourself!
11. Can you see (　　　　　) (　　　　　) you're here?

12. I'd like an apartment (　　　　　　) (　　　　　　) (　　　　　　).
13. Each passenger was asked (　　　　　) (　　　　　) passport.
14. Pat worried (　　　　) (　　　　　) daughter's future.
15. I'm puzzled (　　　　) (　　　　　) (　　　　　) thinks
    about me.

答え

※赤い箇所は、当ルールで学んだ弱形の単語です。

1. My mother was very tough (on) (me).
   母は私にとても厳しかった。

2. I'll (see) (you) tomorrow.
   明日会いましょう。

3. Can you (put) (them) (away)?
   片づけてくれる？

4. (We) (are) going to the movies tonight.
   私たちは今晩映画を観に行く予定です。

5. We'll make a short visit to (our) (relatives).
   親戚のところへちょっと行ってきます。

6. Matthew dropped a cube of sugar into (his) (tea).
   マシューは角砂糖1つを紅茶に落とした。

7. Congratulations on the birth (of) (your) son!
   息子さんのご誕生、おめでとうございます！

8. I think (she) (will) (be) back home soon.
   彼女はすぐに戻って来ると思う。

9. (Here) (I) (am).
   私はここですよ。

10. How (stupid) (of) (you) to dig a hole for yourself!
    墓穴を掘るとは、あなたはなんてバカなの！

11. Can you see (us) (while) you're here?
    あなたがここにいる間、私たちと会えますか？

12. I'd like an apartment (of) (my) (own).
    自分だけのアパートに住みたい。　※「1人暮らしをしたい」という意味。

13. Each passenger was asked (for) (their) passport.
    各乗客はパスポートの提示を求められた。

14. Pat worried (about) (her) daughter's future.

パットは娘の未来を心配していた。

15. I'm puzzled (at) (what) (he) thinks about me.

彼が私のことをどう思っているのか考えると、気持ちが混乱する。

be 動詞、have、do や does

be 動詞、have、do や does には「強形」と「弱形」がある

　be 動詞や do、does などは否定文や疑問文を作る際に欠かせない重要な"パーツ"です。これらは"ファンクション"として不可欠ですので、機能語の中の機能語と言える存在感を放っています。なお、短縮のルールで学んだ通り、they are など「主語＋ be 動詞」のとき、主語と動詞はくっついてしまい、セットで 1 つの単語のように聞こえます。実際、they are は *their* と同じ音に化け、かつ弱まりが極まるとせいぜい「ゼ」ぐらいにしか聞こえません。

　なお、ここで注意が必要なのは、They are happy. という文を見たとき、多くのネイティブスピーカーは反射的に短縮形で読み替える傾向にあるということです。They と are が離れて書かれていたとしてもです。

They are happy.

頭の中で瞬時に短縮形に読み替えができるかどうかがポイント！

They're happy.

　その一方で、経験的に見て日本人は「ゼィ」「アー」とパーツを分けてしまいがちですが、これはとても生真面目な読み方です。they are は *their* と同じ音なんだという一歩踏み込んだ勇気を持ってもよいでしょう。ん～、それはちょっと…と思うかもしれませんが、リスニングの向上にはこれぐらいの思い切りのよさも必要なのです。

1 単語のリスニング

2 語句のリスニング

3 文のリスニング

4 総まとめ

		単語	発音記号	例	聞こえ方	リスニングのコツ
1	強形	is am are	/iz/ イズ /æm/ アム /ɑːr/ アー	she is （彼女は〜だ） I am （私は〜だ） police are （警察は〜だ）	シーイズ アィアム ポリースアー	be 動詞の弱形は、主語とくっついて短縮形になり、全体で弱く発音される傾向にあります。police are も are が弱まり、*policer* のように響きます。もちろん、そのような単語はありませんが、イメージとしてはとらえやすいと思います。
	弱形		/z/ ズ /əm/ ム /ər/ ア		シーズ （= she's） アィ(ァ)ム ポリースア	
2	強形	was were	/wɑz/ ワァズ /wəːr/ ワー	he was （彼は〜だった） trees were （木々は〜だった）	ヒーワァズ チュリーズワー	was の弱形「ゥズ」の母音は「ゥ」に近くなることもあります。
	弱形		/wəz/ ゥズ /wə/ ワ		ヒーゥズ チュリーズワ	

3	強形	been	/biːn/ ビーン	it has been （ずっと〜 だ）	イッハズビー ン	been の弱形は男性の名前 Ben を弱く短く言うと似た音になります。つまり、it's been と it's Ben は意味こそ違えど、よく似た音同士なのです。
	弱形		/bin/ ベン		イッハズベン	
4	強形	have has had ※完了形 のとき	/hæv/ ハァヴ /hæz/ ハァズ /hæd/ ハァダ	we have （私たちは 〜だ） Meg has （メグは〜 だ） they had （彼らは〜 だった）	ウィハァヴ メグハズ ゼィハァダ	have および has の弱形は、I have seen it. や She has eaten it. のように現在完了時制の文に現れ、had の弱形は He had been there. のように過去完了時制の文に現れます。
	弱形		/(h)əv/ （ハ）ヴ /əz/ ズ /əd/ ダ		ウィヴ （= we've） メグズ （= Meg's） ゼィダ （= they'd）	

| 5 | 強形 | do

does

※助動詞
のとき | /du:/
ドゥー

/dʌz/
ダァズ | do you
(あなたは
〜ですか)

does Ken
(ケンは〜
ですか) | ドゥーユー

ダァズケェン | Do you know ...? や She doesn't like のように疑問文や否定文のパーツとしてのdoやdoesは弱形です。一方、do your homeworkのように一般動詞として使われるdoは強形になります。なお、Do you ...? の do が弱形になることで、youの音も弱まり「ヤ」になっています。 |
| | 弱形 | | /də/
ダ

/dəz/
ダズ | | ダヤ

ダズケン | |

　最初は強形、次に弱形の音声が流れますので、それぞれあとについて発音しましょう。

強形	弱形	意味
1. I DO	I do	（私はします）
2. he DOES	he does	（彼はします）
3. it IS	it is	（それは〜です）
4. I AM not	I am not	（私は〜ではありません）
5. we ARE	we are	（私たちは〜です）
6. she WAS surprised	she was surprised	（彼女はびっくりした）
7. we WERE young	we were young	（私たちは若かった）
8. BEEN there	been there	（そこにいたことがある）

※ have been there のように完了形のかたちを取ります。

9. they HAVE	they have	（彼らはずっと〜だ）【現在完了形】
10. Yuki HAS	Yuki has	（ユキはずっと〜だ）【現在完了形】
11. the students had	the students had	（その学生たちはずっと〜だった）【過去完了形】

ステップ2 単語の聞き取りクイズ　　Track **197**

　強形と弱形がそれぞれ読まれますので、聞こえた順に答えを選び○で囲みましょう。

1. her name is　　　1回目　（強形・弱形）　　2回目　（強形・弱形）

2. I am not　　　1回目　（強形・弱形）　　2回目　（強形・弱形）

3. are you　　　1回目　（強形・弱形）　　2回目　（強形・弱形）

4. it was　　　1回目　（強形・弱形）　　2回目　（強形・弱形）

5. Jane and Ted were　　　1回目　（強形・弱形）　　2回目　（強形・弱形）

6. it's been　　　1回目　（強形・弱形）　　2回目　（強形・弱形）

7. Paul's children have　　　1回目　（強形・弱形）　　2回目　（強形・弱形）

8. Amy has　　　1回目　（強形・弱形）　　2回目　（強形・弱形）

9. he had　　　1回目　（強形・弱形）　　2回目　（強形・弱形）

10. do you　　　1回目　（強形・弱形）　　2回目　（強形・弱形）

11. does Paul　　　1回目　（強形・弱形）　　2回目　（強形・弱形）

1. her name is （彼女の名前は〜です）　　　　　　　　1回目　（弱形）　2回目　（強形）

2. I am not （私は〜ではありません）　　　　　　　　　1回目　（弱形）　2回目　（強形）

3. are you （あなたは〜ですか）　　　　　　　　　　　1回目　（強形）　2回目　（弱形）

4. it was （それは〜だった）　　　　　　　　　　　　　1回目　（強形）　2回目　（弱形）

5. Jane and Ted were （ジェーンとテッドは〜だった）　1回目　（弱形）　2回目　（強形）

6. it's been （[天候など] ずっと〜だ）　　　　　　　　1回目　（強形）　2回目　（弱形）

7. Paul's children have （ポールの子どもたちはずっと〜だ）1回目　（弱形）　2回目　（強形）

8. Amy has （エイミーはずっと〜だ）　　　　　　　　　1回目　（弱形）　2回目　（強形）

9. he had （彼はずっと〜だった）　　　　　　　　　　　1回目　（強形）　2回目　（弱形）

10. do you （あなたは〜をしますか）　　　　　　　　　1回目　（弱形）　2回目　（強形）

11. does Paul （ポールは〜をしますか）　　　　　　　　1回目　（弱形）　2回目　（強形）

ステップ 3　文の聞き取りクイズ　　　　　　Track 198

　弱形の音などを含む単語を（　　）に書き、文を完成させましょう。

1. What (　　　　　　　) (　　　　　　　　　　) do?

2. I first thought (　　　　　　　) (　　　　　　　) (　　　　　　　) Australia.

3. I've never (　　　　　　　) (　　　　　　　) L.A.

4. Lily (　　　　　　　) (　　　　　　　) the result.

5. (　　　　　　　) (　　　　　　　) just finished eating lunch.

6. How often (　　　　　　　) (　　　　　　　) event take place?

7. (　　　　　　　) (　　　　　　　) a (　　　　　　　) cold moonlit night.

8. I (　　　　　　　) (　　　　　　　) left the party when she arrived.

9. The next-door neighbor (　　　　　　　) (　　　　　　　) very quiet.

10. (　　　　　　　) (　　　　　　　) trying to study now, so please don't
make any noise.

11. Judy and Ken (　　　　　　　) (　　　　　　　) shopping this afternoon.

答え

※赤い箇所は、当ルールで学んだ弱形の単語です。

1. What (do) (you) do?

   お仕事は何ですか？

2. I first thought (they) (were) (from) Australia.

   最初、彼らはオーストラリア出身だと思った。

3. I've never (been) (to) L.A.

   一度もロスに行ったことがない。

4. Lily (has) (had) the result.

   リリーは結果を受け取った。

5. (Will) (has) just finished eating lunch.

   ウィルはちょうどランチを食べ終えた。

6. How often (does) (the) event take place?

   イベントはどれくらいの頻度で開かれますか？

7. (It) (was) a (very) cold moonlit night.

   とても寒い月明かりの夜だった。

8. I (had) (already) left the party when she arrived.

   彼女が到着したとき、私はすでにパーティー会場を去っていた。

9. The next-door neighbor (is) (somehow) very quiet.

   お隣さんはどういうわけかとても静かだ。

10. (I) (am) trying to study now, so please don't make any noise.

    今勉強しようとしているから、うるさくしないで。

11. Judy and Ken (are) (going) shopping this afternoon.

    ジュディとケンは今日の午後、買い物に行く予定です。

リスニングメモ

動詞の意味を強調するときの do は、強く発音される傾向にあります。

I do put the key here.

（本当にここにカギを置いているよ）

助動詞

助動詞には「強形」と「弱形」がある

　助動詞も強形と弱形では聞こえ方がずいぶん異なります。例えば、can（〜ができる）の強形の母音は /æ/、弱形の母音は /ə/ ですが、この２つの顕著な違いは、音そのもののみならず、母音の長さにあります。強形は母音が長めに、弱形は母音が短めに発声される傾向にあります。とりわけ can の母音には伸縮性があり、意味を強めるときには「キャーン」といった具合にとてもよく伸びますが、弱形ではその半分ぐらいの力でせいぜい「クン」と短く弱く響く程度です。

---

can

強形（キャーン）　　　　　　弱形（クン）

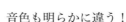

母音が長め　　　　　　　　　母音が短め

↘　　　　　　　　　↙

音色も明らかに違う！

　なお、興味深い検証として、could や must のように助動詞は破裂音（p. 123）で終わる単語が多いため、文中では頻繁に脱落が起きたり、語尾では「ッ」の音になったりします。「マッ♪スピーク」と聞いて瞬時にそれが must speak だとわかるようになるまでには、かなりの訓練が必要です。弱形と音声変化は常に同時並行ですので、トレーニングの数をたくさんこなして耳を慣らすことに注力しましょう。

		単語	発音記号	例	聞こえ方	リスニングのコツ
1	強形	can	/kæn/ キャーン	you can (君はできる)	ユウキャーン	canが弱形になることでyouにも同様の現象が起きています。なお、Yes, you <u>can</u>.のように文尾が助動詞で終わる場合は強形になります。
	弱形		/kən/ クン		ユクン	
2	強形	could	/kud/ クードッ	they could (彼らはできた)	ゼイクードッ	短縮のルール④(p. 225)で学んだように、スピードのついた文ではcould haveはcould'veとなり「<u>クッダヴ</u>」に聞こえます。
	弱形		/kəd/ クッ		ゼイクッ♪	
3	強形	shall	/ʃæl/ シャーゥ	we shall (私たちは〜でしょう)	ウィーシャーゥ	一般的に現代の英語ではshallの代わりにwillが用いられますが、Shall we?(〜しませんか)など提案の意味では会話でもshallがよく使われます。
	弱形		/ʃəl/ シャゥ		ウィーシャゥ	

4	強形	should	/ʃud/ シュッド	he should (彼は〜す るべきだ)	ヒーシュッド	スピードのついた文ではshould haveはshould'veとなり「シュッダヴ」のように聞こえます。
	弱形		/ʃəd/ シュッ		ヒーシュッ♪	
5	強形	will	/wil/ ウィゥ	Andy will (アンディ は〜でしょ う)	アンディ ウィゥ	たいていの場合、日常会話では主語とwillがくっついて短縮形になります。
	弱形		/wəl/ ゥ		アンディゥ (= Andy'll)	
6	強形	would	/wud/ ウッド	she would (彼女は〜 だろう)	シーウッド	スピードのついた文ではwould haveはwould'veとなり「ウッダヴ」に聞こえます。なお、wouldの強形はwood（森）と同じ音です。
	弱形		/wəd/ ウッ		シーウッ♪	
7	強形	must	/mʌst/ マァースト	I must (私は〜し なければな らない)	アイマァース ト	スピードのついた文ではmust haveはmust'veとなり「マスッタヴ」に聞こえます。
	弱形		/məst/ マスッ		アイマスッ♪	

リスニング・トレーニング

ステップ1　発音エクササイズ
 Track **200**

　最初は強形、次に弱形の音声が流れますので、それぞれあとについて発音しましょう。

強形	弱形	意味
1. they CAN	they can	（彼らはできる）
2. he COULD swim	he could swim	（彼は泳げた）
3. I SHALL be	I shall be	（私は〜でしょう）
4. you SHOULD meet	you should meet	（あなたは会うべきだ）
5. it WILL be	it will be	（それは〜だろう）
6. you WOULD never	you would never	（あなたは一度も〜ないだろう）
7. we MUST learn	we must learn	（私たちは学ばなければならない）

ステップ2　単語の聞き取りクイズ
Track **201**

　強形と弱形がそれぞれ読まれますので、聞こえた順に答えを選び○で囲みましょう。

1. you can do　　1回目　（強形・弱形）　　2回目　（強形・弱形）

2. Kelly could come　　1回目　（強形・弱形）　　2回目　（強形・弱形）

3. we shall go　　1回目　（強形・弱形）　　2回目　（強形・弱形）

4. Ken should do　　1回目　（強形・弱形）　　2回目　（強形・弱形）

5. it will rain　　1回目　（強形・弱形）　　2回目　（強形・弱形）

6. they would know　　1回目　（強形・弱形）　　2回目　（強形・弱形）

7. Joe and I must work　　1回目　（強形・弱形）　　2回目　（強形・弱形）

1. you can do（あなたは～することができる）　　1回目　（強形）　　2回目　（弱形）
2. Kelly could come（ケリーは来るかもしれない）※可能性を表しています。

　　　　　　　　　　　　　　　　　　　　　　　　　1回目　（強形）　　2回目　（弱形）

3. we shall go（私たちは行くでしょう）　　　　1回目　（弱形）　　2回目　（強形）
4. Ken should do（ケンは～するべきだ）　　　　1回目　（強形）　　2回目　（弱形）
5. it will rain（雨が降るだろう）　　　　　　　1回目　（弱形）　　2回目　（強形）
6. they would know（彼らは～を知るだろう）　　1回目　（弱形）　　2回目　（強形）
7. Joe and I must work（ジョーと私は仕事をしなければならない）

　　　　　　　　　　　　　　　　　　　　　　　　　1回目　（強形）　　2回目　（弱形）

ステップ 3　　文の聞き取りクイズ　　　　　　　　　● Track 202

　弱形の音などを含む単語を（　　）に書き、文を完成させましょう。

1. Ned said (　　　　　　) (　　　　　　　　) come with us but he didn't.
2. (　　　　　) (　　　　　　　) (　　　　　　　　) careful while driving.
3. (　　　　　) (　　　　　) give you a ride if you want.
4. Sorry, (　　　　　) (　　　　　) (　　　　　) go now.
5. They (　　　　　) (　　　　　) wrong.
6. The schedule (　　　　　) (　　　　　　　) rearranged by Oliver
   tomorrow.
7. Greg (　　　　　) (　　　　　) four languages.
8. This time next week (　　　　　) (　　　　　) (　　　　　) in
   New York.
9. My brother (　　　　　) (　　　　　　) very fast when he was young.
10. You (　　　　　) (　　　　) criticizing.
11. You (　　　　　) (　　　　) (　　　　　　) after such a long
    walk.

答え

※赤い箇所は、当ルールで学んだ弱形の単語です。

1. Ned said (he) (would) come with us but he didn't.

   ネッドは私たちと一緒に来ると言ったけど、来なかった。

2. (You) (should) (be) careful while driving.

   運転中は気をつけるべきだ。

3. (I) (can) give you a ride if you want.

   もしよかったら、車に乗せてあげるよ。

4. Sorry, (but) (I) (must) go now.

   ごめん、でももう行かなくちゃ。

5. They (might) (be) wrong.

   彼らは間違っているかもしれない。

6. The schedule (will) (be) rearranged by Oliver tomorrow.

   そのスケジュールは、明日オリバーによって再調整されるだろう。

7. Greg (can) (speak) four languages.

   グレッグは4カ国語を話せる。

8. This time next week (I) (shall) (be) in New York.

   来週の今頃はニューヨークにいるでしょう。

9. My brother (could) (run) very fast when he was young.

   僕の兄は若かった頃とても足が速かった。

10. You (should) (stop) criticizing.

    批判するのはやめるべきだ。

11. You (must) (be) (hungry) after such a long walk.

    そんなに長く歩いた後は、きっとおなかが減っているでしょう。

リスニングメモ

can などの助動詞、および do や be 動詞が文末に来るとき、それらは強く読まれる傾向にあります。

Can you cook tonight? Yes, I can.

（今晩、料理できる？　うん、できるよ）

接続詞

接続詞には「強形」と「弱形」がある

---

　and, or, if などは日常会話でも頻繁に使われる接続詞ですが、実は音の変化が起こりやすいグループです。見ての通り単語自体がシンプルで短いため、前後に来る音の影響を非常に受けやすく、たいていは他の単語と吸着してしまい、本来の音の姿をなくしてしまいます。例えば、what if は「もし〜だったら」という仮定を表すフレーズですが、t と i がくっついて「ワティフ」に。さらに t が有音化（「リ」の音。p. 34 参照）になるので、実際は「ワリフ」まで変化してしまいます。

---

what if →	**wha tif** →	**wha lif**
ワットイフ	ワティフ	ワリフ

　「ワリフ」では一体全体何のことやら…さっぱりわからないですよね。究極的に言ってしまうと、**英単語は長いものよりも短いもののほうが聞き取りが難しいのです**。それはなぜかと言うと、短さゆえに常に前後の音の影響下にさらされ、最終的には原形をとどめないところまでかたちが変えられてしまうからです。"ワリフ"と聞いて what if をすぐに想像できますか？　なかなかキビシイのではないでしょうか。if のように短い単語が弱化したとき、その母音が果たしてどのように響くのか、また他の単語とくっついてどういった音声変化をもたらすのか—といった複合的な理解が求められるのです。

		単語	発音記号	例	聞こえ方	リスニングの コツ
1	強形	and	/ænd/ アーンド	yes and no (どちらと も言えな い) ※直訳すると、「はい、そしていいえのどちらでもありません」。	イエスアーン ドノゥ	andとanの弱形は音が同じですので、聞き取りには注意が必要です。
	弱形		/ən/ アン		イェサンノゥ	
2	強形	but	/bʌt/ バット	A but B (AしかしB)	エィバット ビィ	接続詞としてのbutはそれほど難しい単語ではありませんが、bat(バット)、bad(悪い)、bud(芽)のように音の似通った単語がありますので、しっかり聞き分けられるようにしましょう。
	弱形		/bət/ バッ		エィバッ♪ ビィ	

3		or	強形	/ɔːr/ オアー	rain or shine （何があっても） ※直訳すると、「雨が降ろうが晴れようが」。	ウレインオア シャイン	アメリカのレストランで、soup or salad を「スーパーサラダ」と聞き間違えた人の逸話がありますが、ここからもわかる通り、or は弱形と連結が同時に起こりやすく、聞き取りの難易度はかなり高めです。
			弱形	/ər/ オ		ウレイノォ シャイン	
4		as	強形	/æz/ アズ	as you say （あなたの言う通り）	アズユーセイ	as of「アゾヴ」や as I「アザィ」のように、as は次の単語の母音とくっついてさまざまな音の変化を作り出します。
			弱形	/əz/ ゥズ		ゥズユーセイ	
5		so	強形	/sou/ ソォウ	so I see （なので私はわかる）	ソォウアイ スィー	so の強形は「ソー」ではなく二重母音の「ソォウ」なので注意しましょう。なお、so-so（まあまあ）を「そーそー」と言ってしまうと、まるで日本語の相槌のような響きになってしまいます。
			弱形	/sə/ ソ		ソアスィー	

268

| 6 | 強形 | if | /if/
イフ | if it's good
（もしそれ
がよいな
ら） | イフイッツ
グッド | ifは単語自体が短いうえに、語頭が母音字なので、連結と弱形の変化にさらされています。なお、if it'sは下線部分が連結し「フィ」になっています。 |
| | 弱形 | | /əf/
ゥフ | | ゥフイッツ
グッ♪ | |

リスニング・トレーニング

ステップ1 発音エクササイズ　　　　　　　○ Track **204**

　最初は<u>強形</u>、次に<u>弱形</u>の音声が流れますので、それぞれあとについて発音しましょう。

強形	弱形	意味
1. black AND white	black and white	（白黒）

※日本語と英語では語順が反転します。

2. BUT he is	but he is	（しかし彼は〜だ）
3. tea OR coffee	tea or coffee	（紅茶またはコーヒー）
4. AS you can see	as you can see	（おわかりの通り）
5. SO she knew	so she knew	（だから彼女は知った）
6. IF you try	if you try	（もし君がトライするなら）

強形と弱形を含む句がそれぞれ読まれますので、聞こえた順に答えを選び〇で囲みましょう。

1. you and me　　　　　　1 回目　（強形・弱形）　　　2 回目　（強形・弱形）

2. but he stopped　　　　　1 回目　（強形・弱形）　　　2 回目　（強形・弱形）

3. Jane or Jenny　　　　　1 回目　（強形・弱形）　　　2 回目　（強形・弱形）

4. as they do　　　　　　1 回目　（強形・弱形）　　　2 回目　（強形・弱形）

5. so Rick left　　　　　　1 回目　（強形・弱形）　　　2 回目　（強形・弱形）

6. if it's true　　　　　　1 回目　（強形・弱形）　　　2 回目　（強形・弱形）

答え

1. you and me（あなたと私）　　　　　　　1 回目　（弱形）　　2 回目　（強形）
2. but he stopped（でも彼はやめた）　　　　1 回目　（強形）　　2 回目　（弱形）
3. Jane or Jenny（ジェーンまたはジェニー）　1 回目　（強形）　　2 回目　（弱形）
4. as they do（彼らがするように）　　　　　1 回目　（弱形）　　2 回目　（強形）
5. so Rick left（だからリックは去った）　　　1 回目　（強形）　　2 回目　（弱形）
6. if it's true（もしそれが真実なら）　　　　1 回目　（弱形）　　2 回目　（強形）

ステップ 3　文の聞き取りクイズ　　　　　　　　　　● Track 206

　弱形の音などを含む単語を（　　）に書き、文を完成させましょう。

1. I'll call you (　　　　　　) (　　　　　　　　) don't see you tomorrow.
2. He doesn't play golf (　　　　　) (　　　　　　) used to.
3. Karen is married (　　　　　　) (　　　　　　　) in Madrid.
4. It's a nice home (　　　　　　) (　　　　　　　) has no garden.

270

5. It'll be much cheaper ( ) ( ) travel by bus.
6. His hair is the same color ( ) ( ).
7. Mary usually drives to work ( ) ( ) went by train this morning.
8. They love Thailand, ( ) ( ) go there once a year.
9. We were having some wine ( ) ( ) a quiz show.
10. Do you want to go out ( ) ( ) you too tired?

答え

※赤い箇所は、当ルールで学んだ弱形の単語です。

1. I'll call you (if) (I) don't see you tomorrow.
   もし明日あなたと会えなかったら、電話しますね。

2. He doesn't play golf (as) (he) used to.
   彼は以前のようにゴルフをしません。

3. Karen is married (and) (lives) in Madrid.
   カレンは結婚しており、マドリードに住んでいる。

4. It's a nice home (but) (it) has no garden.
   すてきなお家ですが庭がありません。

5. It'll be much cheaper (if) (you) travel by bus.
   バス旅行のほうがはるかに安いですよ。

6. His hair is the same color (as) (Ed's).
   彼の髪はエドの髪と同じ色です。

7. Mary usually drives to work (but) (she) went by train this morning.
   メアリーはたいてい車で通勤しますが、今日は電車で行きました。

8. They love Thailand, (so) (they) go there once a year.
   彼らはタイが大好きなので、年に１回そこへ行きます。

9. We were having some wine (and) (watched) a quiz show.
   私たちはワインを飲みながらクイズ番組を観た。

10. Do you want to go out (or) (are) you too tired?
    外出したい？　それとも疲れすぎている？
    ※外出したいか、したくないかをたずねています。

弱形のルール⑤　271

前置詞

前置詞には強形と弱形がある

　他の機能語と同様に、in や on などの前置詞も多くの場合において弱形となります。接続詞と同様に前置詞も短い…ということは、これらも常に前後の音の影響下にさらされているということですので、聞き取りの際には細心の注意が必要です。実際、look at は「ルカッ」、walk into は「ウォーキンタ」、lot of は「ララヴ」といった具合に、これらの前置詞の弱形は子音とくっついて「連結」と「弱形」の二重縛りを起こします。

look at

連結　　弱形

二重縛りが起きている

リスニングを難しくさせている犯人！

　ルカッ、ウォーキンタ、ララヴでは本来の単語が何であったのか、もはや想像することすらできません。前置詞それ自体は短くとも、音声に関して言えばその破壊力はメガ級です。

		単語	発音記号	例	聞こえ方	リスニングの コツ
1	強形	for	/fɔːr/ フォー	for Kim （キムのた めに）	フォーキム	強形の for は four（4）、fore （前面に）と同 じ音になります が、スピードが つくと母音が落 ちてしまいます。
	弱形		/fər/ フ		フキム	
2	強形	at	/æt/ アット	at night （夜に）	アットナイト	at_nightの下線 部分に脱落が起 き、atは「アッ」 まで短くなってし まいます。一瞬 の音ですので、 聞き取りには訓 練が必要です。
	弱形		/ət/ ア		アッ♪ナイッ ♪	
3	強形	on	/ɔːn/ オーン	on my desk （机の上に）	オーンマィデ スク	弱形のonの母 音は「オ」と「ア」 の中間です。こ れは、oのフォ ニックス読み（p. 22参照）を短く 弱くしたものと考 えることができま す。
	弱形		/ɔn/ オ		オンマィデ スッ♪	

4		into		into bed (ベッドの 中へ)		1音節の前置詞が多い中、intoは2音節の長さがありますので、他の前置詞よりも聞き取りやすいと言えるでしょう。ただし、toの部分は「タ」まで音が落ちてしまいます。
	強形		/intu:/ イントゥ		イントゥベッド	
	弱形		/intə/ インタ		インタベッ♪	
5		of		back of (〜の後ろ)		ofもかなり聞き取りの難易度が高い単語と言えます。弱形は「ゥヴ」ですが、さらにスピードがつくと母音が落ちてfの音だけになってしまいます。
	強形		/ɑv/ アヴ		バックアヴ	
	弱形		/əv/ ゥヴ		バッカゥヴ	
6		from		from home (家から)		fromは子音が3つ含まれているので、それらを頼りにすれば比較的聞き取りは楽と言えるでしょう。スピードがつくとfromも母音が落ちてしまいます。
	強形		/frʌm/ フラァム		フラァムホーム	
	弱形		/frəm/ フラン		フランホーム	

| 7 | 強形 | to | /tu:/
トゥ | to see
（見るため
に） | トゥスィー | toの強形はtwoと同じ音です。なお、10時2分前はTwo to ten.ですが、toを強く言うとTwo two ten.（2 2 10）となり、意味がすっかり変わってしまいます。 |
| | 弱形 | | /tə/
タ | | タスィー | |

リスニング・トレーニング

ステップ1　発音エクササイズ　　　　　　　　　　　　　🔘 Track 208

　最初は強形、次に弱形の音声が流れますので、それぞれあとについて発音しましょう。

強形	弱形	意味
1. FOR four weeks	for four weeks	（4週間）
2. AT the airport	at the airport	（空港で）
3. ON the table	on the table	（テーブルの上に）
4. INTO the room	into the room	（部屋の中へ）
5. a friend OF mine	a friend of mine	（私の友人）
6. FROM here	from here	（ここから）
7. TO me	to me	（私へ）

　強形と弱形がそれぞれ読まれますので、聞こえた順に答えを選び〇で囲みましょう。

1. for me　　　　　　　　1回目　（強形・弱形）　　2回目　（強形・弱形）

2. at that time　　　　　1回目　（強形・弱形）　　2回目　（強形・弱形）

3. into the water　　　　1回目　（強形・弱形）　　2回目　（強形・弱形）

4. on page 3　　　　　　1回目　（強形・弱形）　　2回目　（強形・弱形）

5. afraid of spiders　　　1回目　（強形・弱形）　　2回目　（強形・弱形）

6. from today　　　　　1回目　（強形・弱形）　　2回目　（強形・弱形）

7. a letter to him　　　　1回目　（強形・弱形）　　2回目　（強形・弱形）

答え

1. for me（私のために）　　　　　　1回目　（強形）　2回目　（弱形）
2. at that time（あのとき）　　　　　1回目　（強形）　2回目　（弱形）
3. into the water（水の中へ）　　　　1回目　（強形）　2回目　（弱形）
4. on page 3（3ページに）　　　　　1回目　（弱形）　2回目　（強形）
5. afraid of spiders（クモが怖い）　　1回目　（弱形）　2回目　（強形）
6. from today（今日から）　　　　　1回目　（弱形）　2回目　（強形）
7. a letter to him（彼への手紙）　　　1回目　（強形）　2回目　（弱形）

　弱形の音などを含む単語を（　　）に書き、文を完成させましょう。

1. Our boss (　　　　　　) (　　　　　　　) vacation now.
2. Add some eggs and milk a little (　　　　　　) (　　　　　　) time.

3. Could you hold the door (　　　　　　) (　　　　　　) (　　　　　　)?
4. Listen carefully, (　　　　　　) (　　　　　　) (　　　　　　)!
5. Has the train (　　　　　) (　　　　　) arrived?
6. Meg (　　　　　) (　　　　　) the kitchen.
7. I had to skip sleep (　　　　　) (　　　　　) (　　　　　) report done.
8. This has been the best (　　　　　) (　　　　　) (　　　　　) life!
9. Joe's shy, (　　　　　) (　　　　　) (　　　　　) same time, extremely timid.
10. We have Nick to thank (　　　　　) (　　　　　) success.

答え

※赤い箇所は、当ルールで学んだ弱形の単語です。

1. Our boss (is) (on) vacation now.
   上司はただ今休暇中です。

2. Add some eggs and milk a little (at) (a) time.
   卵と牛乳を同時に加えて。

3. Could you hold the door (for) (a) (moment)?
   ちょっとの間、ドアを押さえておいてくれる？

4. Listen carefully, (both) (of) (you)!
   2人とも、ちゃんと聞きなさい！

5. Has the train (from) (Milan) arrived?
   ミラノからの列車は到着した？

6. Meg (walked) (into) the kitchen.
   メグはキッチンに入ってきた。

7. I had to skip sleep (to) (get) (this) report done.
   このレポートを仕上げるために徹夜した。

8. This has been the best (day) (of) (my) life!
   今日は私の人生にとって最高の日！

9. Joe's shy, (and) (at) (the) same time, extremely timid.
   ジョーは恥ずかしがり屋であり、同時にとてつもなく気が弱い。

10. We have Nick to thank (for) (this) success.
    この成功はニックのおかげです。

Chapter

3

文のリスニング
リズム

Mission

> **英文は「高低の階段式」ではなく、**
> **「強弱の山谷式」で聞き取るべし！**

　ここからは文のリスニングです。英語を聞き取る上で欠かすことができない
のが、振り子のようなカチッ・カチッといったテンポの理解です。英語には強
いアクセント（最初のカチッ）から強いアクセント（次のカチッ）までをほぼ
同じ長さで発声するという規則性があり、カチッからカチッまではつじつま合
わせのように超高速スピードで読まれます。瞬間的なリズムでありながら、そ
こには多様なエッセンスがぎゅっと詰まっています。そうなんです、英語のリ
ズムは、私たちの想像をはるかに超えた強制力を持っているのです。そして、
これらのリズムは山と谷によって作られ、文全体に英語独特の"うねり"を与
えるのです。

　さて、しめくくりとして、ここからは"等時的"とも言える英語のリズムを
通し、山と谷が交互に現れる文章の聞き取りを行います。Chapter 1「単語のリ
スニング」、Chapter 2「語句のリスニング」を包括した学びの集大成がここに
あります。

▶ 日本語のリズムについて

　英語のリズム体系は日本語のそれとはまったく異なるため、日本語のリズムの代用では英語の音をすべて拾いきれません。日本語は原則として「子音＋母音」が1拍として読まれますので、「目」（me）は1拍、「飯」（me shi）は2拍、「眼鏡」（me ga ne）は3拍、「目覚まし」（me za ma shi）では4拍となり、それぞれの拍は同じ強さを保持します。この"拍"を●で示すとすると、日本語のリズムは次のようになります。

ME	●	め	（1拍）
ME SHI	● ●	めし	（2拍）
ME GA NE	● ● ●	めがね	（3拍）
ME ZA MA SHI	● ● ● ●	めざまし	（4拍）

　もしも"「め」のチャンツ"なるものを作ったとしたならば、「め　めし　めがね　めざまし」は全部で10拍、手拍子にすると10回分です。一方、**英語は原則として、1つの単語の中で強く読む箇所（●）は1つしか持つことができません。**つまり、4つの単語であれば●の数は全部で4つです。これこそが日本語と英語の違いです。仮に"「め」のチャンツ"を英語のリズムバージョンで再構築するとしたら、おそらくはこんな感じになるはずです。

ME	●	メッ	（これは1強音節）
ME SHI	● ●	メッシィ	（これも1強音節）
ME GA NE	● ● ●	メガァネ	（ここも1強音節）
ME ZA MA SHI	● ● ● ●	メザマァシ	（どれも1強音節）

この小さな点（●）は、文の中で谷を作る弱くて短い母音（＝弱母音　※ p. 25 コラム参照）です。弱母音は日本人にとって恐ろしいほど聞き取りにくいとされる音の粒子です。繰り返しになりますが、英語は 1 つの単語に強アクセントを 1 つしか持てないため、それ以外の母音は弱母音として脇役に回ります。また、強く読む位置はあらかじめ単語の中で決まっており、「いやいや、私は station の tion のほうを強く言いたいんだ！」とごねたところで、ステイ**ション**と勝手に変えるわけにはいかないのです。

では、日本語と"英語風"の「め」のチャンツを改めて比較してみましょう。

＜日本語のチャンツ＞

● 　　　● 　● 　　　● 　● 　● 　　　● 　● 　● 　●

ME　　ME SHI　　ME GA NE　　ME ZA MA SHI

＜英語風のチャンツ＞

● 　　　● 　●　　　●　●　●　　　●　●　●　●

ME　　ME SHI　　ME GA NE　　ME ZA MA SHI

まず、●の数の違いが見てわかりますね。実際、英語風のチャンツには強いアクセント（すなわち●）が 4 カ所しかありません、日本語は 10 カ所もあるにもかかわらずです。●と●を意識しながら、それぞれのチャンツを音読してみてください。どうでしょう、日本語と英語ではノリも雰囲気も、そして音色もずいぶん違いますよね。

▶ 弱母音（●）を制する者が英語リスニングを制する！

　結論から言います。**英語の聞き取りに不可欠なのは、●ではなく●の音の攻略です**。弱くて短い母音が単語の意味を損ねることなく存在できるのは、英語が強勢アクセントに支配される言語だからです。ネイティブスピーカーは"強い弱い"をいちいち意識して発声しているわけではありませんが、無意識に強弱の緩急をつけることができます。それは私たちが日本語を話すときに"高い低い"を意識せずに話せるのと同じです。外国語を聞き取るというのは語彙力もさることながら、耳が目標言語の音声体系に慣れているかどうかが大きくかかわってくるのです。

▶ 日本語は「階段式」、英語は「山谷式」

　聞き取りの理解をさらに深めるべく、今度は実際の単語を使って日本語と英語のリズムの違いを見ていきたいと思います。次は banana を使ってリズムを比較したものです。

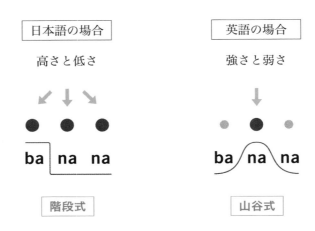

　英語には山と谷があり、言い替えるなら強弱があり、緩急が生まれます。一方、日本語には階段があり、高低が生まれます。ここからわかる通り、**英語の聞き取りには階段式の耳ではなく、山谷式の耳が絶対的に必要なのです**。日本語は高低アクセントのため"高さ低さ"が意味を作り、箸（**は**し）と橋（は**し**）のような違いを生み出します。一方、英語は強弱にコントロールされるため、present の pre に強いアクセントが来れば名詞の「プレゼント」、sent に来れば動詞の「進呈する」となります。

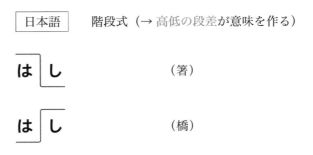

英語　　　山谷式（→ 強弱の緩急が意味を作る）

（プレゼント）名詞

（贈呈する）動詞

　これはとても重要なことなのですが、英語を聞き取ったり話したりするとき、強弱を高低にすり替えてはいけません。誕生日にもらうのは「プレゼント」（低高低低低）ではなく「プレゼント」（強弱）です。リスニングのトレーニングを行うことで、上がったり下がったりの階段式から登ったり降りたりの山谷式に耳をシフトチェンジする。この章の最大の目的はリズム耳を養うことなのです。

▶ 語アクセントと文アクセント

　さて、英語は強さと弱さによってコントロールされている言語であるとお話ししましたが、強弱は何も単語だけに限ったことではありません。文の中においても強さ（●）と弱さ（•）は英語らしさを生む上での重要な役割を担っています。では、皆さんに1つ質問です。I like it a lot.（私はそれが大好きです）を声に出して読んでみてください。

I like it a lot.

①「アイ　ライク　イット　ア　ロット」

②「アィ　ライキラ　ロッ」

どうですか、②に近い音になりましたでしょうか。実は日本人の英語学習者の中には「読んでください」と言われると、一字一句のすべてを発音しなければならないと思ってしまう方が多いようですが、このような発音では相手にはうまく通じません。これまで学んできた通り、英語はさまざまな音声変化を起こし、もともとの音とはかけ離れた音を作り出します。つまり、**英語というのは「見た目と実際の音が一致しない」**言語であり、I like it a lot. ももれなくこれに当てはまるわけです。なお、like と lot は意味を構成する上で重要な単語（内容語）ですので、ここでは母音字の上に●をつけることにします。一方、それ以外の単語は意味的にはさほど重要ではないもの（機能語）と見なし、母音字の上に●をふってあります。見ての通り、このような短い文であっても、しっかり山と谷ができていますね。

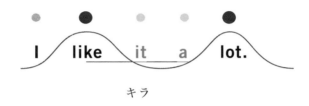

キラ

　さて、この例文におけるリスニング上の問題点は it a の部分にあります。●が連続している it と a ですが、ここが高速スピードで読まれる箇所であり、実際には like の k の音と連結して「キラ」になってしまいます。よって like it a は全体では「ライキラ」になるというわけです。

　極端なことを言ってしまえば、山と谷のうち「山」の単語をかき集めれば相手の言っていることは何となくわかりますから、I like it a lot. のうち like lot と聞けば「何かがすごく好きだ」と推測はできます。しかし、この情報だけでは不十分であり、誤訳を引き起こしかねません。すでにお話しした通り、英語には最初の●から次の●までをほぼ等間隔で読むという規則性があるため、●と●にはさまれた●の数が多くなればなるほど、その部分は"ぐちゃぐちゃっ"と読まれてしまいます。そして、どうやら日本人はこの"ぐちゃぐちゃ"という音のかたまりに参ってしまう傾向にあるようです（ここでは it a の部分がそれにあたります）。つまり、英語の聞き取りをより完璧なものにするためには、●の聞き取り、特に●が連続している部分の攻略が必要なのです。

▶ I like it a lot に隠れているのは…？

　この I like it a lot のポイントは何と言っても、文法のシンプルさに比べて音声変化が多いという点でしょう。実に中学生レベルの英文でありながら、きちんと聞き取るために必要な音声ルールが6個も潜んでいます。

① like it がくっつく　　　　　　　　　　　　　　＜連結＞
② it a がくっつく　　　　　　　　　　　　＜連結＞
③ it の t がラになる　　　　　　　　＜ t の有音化＞
④ lot の t がッになる　　　　　　＜脱落＞
⑤ ●は山になる　　　　　　＜強アクセント＞
⑥ ●は谷に落ちる　　　　＜弱アクセント＞

　ここまで習ってきた脱落や連結などの音声変化は、言うならば小さな音を聞き取るための非常に基礎的な、ミクロ的な、しかしながら絶対に欠かすことのできないボトムアップ的な修練です。そして、そこから派生する最終的な目標は、訓練によって鍛え上げられた耳を、「会話」という「大海原」で活用することではないでしょうか。音声の「かたまり」と対峙するのはそれなりに覚悟が必要かもしれませんが、外国語の学習というのは取り組んだ時間の分だけきちんと応えてくれます。そういった意味において、英語は皆さんにとっての誠実な友人です。耳の完成まであともう一息、ゴールはもうすぐそこ。共に進みましょう！

強いアクセントが1個の文

【山が1回出現する】

　まずは山が1つの文から英語のリズムに慣れていきましょう。Hi. や Look! のように単語が1つだけの文もあれば、I'm sorry. や I'm full. のように複数の単語で構成されている文もあります。どちらも意味上重要とされる箇所（すなわち内容語）が強く読まれ、その部分が●（山）となります。

> 　●が1個の文は英語のリズムの基本の基本です。なお、単語によっては●だけのものと、●と●の両方を含むものとがあります。

リスニング・トレーニング

ステップ1　**発音エクササイズ**　　　　　　　　　　○ Track **211**

　山（●）が1個の文が読まれますので、あとについて発音しましょう。山と谷の感覚を養うトレーニングです。

　【下線：内容語　/　網かけ：機能語】

※ ea や aw など2文字の母音や、are や our など3文字の母音に強いアクセントが来る場合、そのつづり字の中央に●を置くこととします。

1. Hi. （こんにちは）

2. Great. （すごい）

3. I'm sorry. （すみません）

4. Yes. （はい）

5. I'm full. （おなかがいっぱいです）

6. Look! （見て！）

7. You're welcome. （ようこそ）

8. Certainly. （かしこまりました）

9. Likewise. （私も同じです）

10. It's on the house. （店のおごりです）

ステップ 2 文の聞き取りクイズ Track **212**

　音声を聞き、文を（　　　　　）に書きましょう。なお、英文は何回聞いても構いません。

1. (　　　　　　　　　　　　　　　　　　　　　　　　　)

2. (　　　　　　　　　　　　　　　　　　　　　　　　　)

3. (　　　　　　　　　　　　　　　　　　　　　　　　　)

4. (　　　　　　　　　　　　　　　　　　　　　　　　　)

5. (　　　　　　　　　　　　　　　　　　　　　　　　　)

6. (　　　　　　　　　　　　　　　　　　　　　　　　　)

7. (　　　　　　　　　　　　　　　　　　　　　　　　　)

8. (　　　　　　　　　　　　　　　　　　　　　　　　　)

9. (   )

10. (   )

答え

1. Wāit.   (待って)

2. I mēan it.   (本気です)

3. Congratulātions.   (おめでとう)

4. Rīght.   (そうだね)

5. It hāppens.   (よくあることです)

6. I'm on a dīet.   (ダイエット中です)

7. Unbelīevable.   (信じられない)

8. If you insīst.   (お言葉に甘えて)

9. Ōuch!   (痛い！)

10. You can sēe it.   (見ることができますよ)

ステップ3　フォニックス・ストーリー　 Track **213**

　仕上げとして、英語のリズムを音読で養います。まずは英文を聞いてしっかりと耳を慣らし、次に声に出して読んでみましょう。※太字の単語は内容語です。

On the **way back home**, I **bumped** into a **young man** I **thought** I'd **never met before**. He **greeted** me and **said**, "Long time no see!" Actually, I **didn't have** the **faintest idea who** he was. It **took** a **while before** I **understood** that he was **Mick**, an **ex-classmate** from **junior high school**.

帰宅途中、これまでに一度も会ったことがないと思われる若い男性にひょっこり出くわした。彼は私に挨拶し「おひさしぶり！」と言ったが、実は、彼が一体何者なのか私にはさっぱり見当もつかなかった。彼が中学のときの元同級生ミックだったと気づくまでにしばらく時間がかかった。

強いアクセントが2個の文

● × 2

【山が2回出現する】

　山が2つになると「ターンターン」といった英語らしいリズムが生まれます。Time is money. のように内容語（下線部分）と内容語の間に機能語（ここでは is）が挟まれる文の他、I'm all ears. のように内容語が連続する場合もあります。

> 　山が2回現れます。●から●までが等間隔のリズムとなり、ターンターンとテンポが繰り返されます。なお、●と●にはさまれた●の部分は谷に落ち、短く弱く聞こえます。

リスニング・トレーニング

ステップ1　**発音エクササイズ**　　　　　　　　　　　◉ Track **214**

　山（●）が2個の文が読まれますので、あとについて発音しましょう。山と谷の感覚を養うトレーニングです。
　【下線：内容語　/　網かけ：機能語】

1. Where is Peter?　　　　　（ピーターはどこ？）

2. I'll show you how.　　　　（やり方を教えるね）

3. Way to go!　　　　　　　（よくやった！）

4. It blew my mind.　　　　（それにはびっくりした）

5. The dinner was superb.　（ディナーは最高だった）

6. I'm all ears.　　　　　　（ちゃんと聞いていますよ）

7. We've met him twice.　　（私たちは彼に二度会ったことがある）

8. Time is money.　　　　　（時は金なり）

9. I'm running late.　　　　（時間に遅れそうです）

10. Take it or leave it.　　　（するかしないのか、決めてください）

ステップ 2 　文の聞き取りクイズ　　　　　　　　　🔵 Track **215**

　音声を聞き、文を（　　　　　　）に書きましょう。なお、英文は何回聞いても構いません。

1. (　　　　　　　　　　　　　　　　　　　　　　　)
2. (　　　　　　　　　　　　　　　　　　　　　　　)
3. (　　　　　　　　　　　　　　　　　　　　　　　)
4. (　　　　　　　　　　　　　　　　　　　　　　　)
5. (　　　　　　　　　　　　　　　　　　　　　　　)
6. (　　　　　　　　　　　　　　　　　　　　　　　)
7. (　　　　　　　　　　　　　　　　　　　　　　　)
8. (　　　　　　　　　　　　　　　　　　　　　　　)

9. (　　　　　　　　　　　　　　　　　　　　　　　　)

10. (　　　　　　　　　　　　　　　　　　　　　　　　)

答え

1. Put them on the table.　　　（それらをテーブルに置いて）

2. Seeing is believing.　　　（百聞は一見にしかず）

3. The meeting was long.　　　（会議は長かった）

4. It's disappeared from view.　　　（それは視界から消えた）

5. The ocean is calm.　　　（海原は静かだ）

6. Everyone was smiling.　　　（みんな笑顔だった）

7. What a nerve!　　　（なんて図々しい！）

8. She's good with children.　　　（彼女は子どもの扱いがうまい）

9. We hired some staff.　　　（弊社はスタッフを採用した）

10. I'm freelancing as a writer.　　　（私はフリーランスの作家です）

ステップ3　フォニックス・ストーリー　　🔘 Track **216**

　仕上げとして、英語のリズムを音読で養います。まずは英文を聞いてしっかりと耳を慣らし、次に声に出して読んでみましょう。※太字の単語は内容語です。

Our **teacher, Nancy,** is **originally** from **London** and **taught English** for **five years** in **Portugal** and **two years** in **Mexico.** She's one of the **most amusing, warm-hearted teachers** in the **school.** I have to **return home** in **spring** and will **definitely miss** her and all of my **classmates.**

私の先生ナンシーはもともとロンドンの出身で、ポルトガルで5年間、そしてメキシコで2年間英語を教えてきました。彼女は学校で最も楽しく、心の優しい教師の1人です。私は春に帰国しなければなりませんが、彼女とクラスメート全員のことを恋しく思うでしょう。

強いアクセントが3個の文

● × 3

【山が3回出現する】

　内容語が3つぐらいまでの文は、文の構造も比較的シンプルで理解しやすいと言えます。しかしながら、Rain was falling steadily. のように steadily の意味を知らなければ文を理解することはできませんね。聞き取りで慌ててしまわないためにも、リスニング学習と並行して語彙力のアップに努めましょう。

> 山が3回現れます。● ● ● bad hair day のように●が連続する箇所はゆっくりめに発声される傾向があるので、比較的聞き取りやすいと言えるでしょう。

リスニング・トレーニング

ステップ 1　発音エクササイズ　　　　　Track 217

　山（●）が3個の文が読まれますので、あとについて発音しましょう。山と谷の感覚を養うトレーニングです。
【下線：内容語　/　網かけ：機能語】

1. I tasted the food and liked it.　（その食べ物を味見したら気に入った）

2. Ken will join the seminar.　（ケンはセミナーに参加するでしょう）

3. Ed is a man of his word.　（エドは約束を守る男性だ）

4. I heard from Amy in Prague.　（プラハにいるエイミーから連絡があった）

5. I managed to make it on time.　（時間に間に合うことができた）

6. I'd like some tea with lemon.　（レモンティーをください）

7. Rain was falling steadily.　（雨がずっと降っていた）
※ この ea は例外的に「エ」と読みます。

8. It's been a bad hair day!　（何をやってもうまくいかない日だ！）

9. She's been studying for hours and hours.
（彼女は何時間も勉強している）

ステップ2　文の聞き取りクイズ　　🔵 Track **218**

　音声を聞き、文を（　　　　　　）に書きましょう。なお、英文は何回聞いても構いません。

1. (　　　　　　　　　　　　　　　　　　　)
2. (　　　　　　　　　　　　　　　　　　　)
3. (　　　　　　　　　　　　　　　　　　　)
4. (　　　　　　　　　　　　　　　　　　　)
5. (　　　　　　　　　　　　　　　　　　　)
6. (　　　　　　　　　　　　　　　　　　　)
7. (　　　　　　　　　　　　　　　　　　　)
8. (　　　　　　　　　　　　　　　　　　　)

9. (　　　　　　　　　　　　　　　　　　　　　)
10. (　　　　　　　　　　　　　　　　　　　　)

答え

1. Admission is free for children. （子どもは入場無料です）

2. They won by a single point. （彼らはわずか1点差で勝利した）

3. Victoria is a friend of mine. （ヴィクトリアは私の友人だ）

4. Ron was offered the job. （ロンは仕事の内定をもらった）

5. Practice makes perfect. （継続は力なり）

6. Johnny was sitting there patiently. （ジョニーは辛抱強くそこに座っていた）

7. The passenger was waiting at the gate. （乗客はゲートで待っていた）

8. She's married with two children. （カレンは結婚して2人の子どもがいる）

9. I'll repair your bike on Friday. （金曜日に自転車を修理します）

10. The police have been searching for some evidence. （警察はずっと証拠を探している）

ステップ3　フォニックス・ストーリー　　　　🔵 Track **219**

　仕上げとして、英語のリズムを音読で養います。まずは英文を聞いてしっかりと耳を慣らし、次に声に出して読んでみましょう。※太字の単語は内容語です。

John said that he would **visit Japan next summer**. We're **happy** to **hear** the **wonderful news**. He **thinks** he should **learn** some **new Japanese words** and **phrases** to **make** the **most** of the **opportunity** while he's **here** with us. **What** a **sincere**, **hard-working student** he is!

ジョンは来年の夏、日本を訪ねるつもりだと言いました。私たちはその知らせを聞いてとても嬉しく思っています。彼は日本語の新出単語やフレーズを学び、私たちと一緒に過ごす機会を最大限に活かしたいと考えています。なんと誠実で、真面目な学生なんでしょう！

強いアクセントが4個の文

● × 4

【山が4回出現する】

　山が4つの文では、不定詞、分詞、関係代名詞などの複雑な機能が頻繁に登場します。英文は聞いた先から内容を理解していかなければなりません。つまり、長文読解のように後ろから前に訳して…などという余裕はないのです。このレベルでは精聴に加えて多聴を行い、英語に耳をしっかりと馴染ませていく必要があります。

> 　山が4回現れます。were at the のように●が3回連続すると、その部分はひとかたまりにくっついてしまうので（いわゆるぐちゃぐちゃと聞こえる部分です）、リスニングの難易度もかなり上がります。●は、文の中で谷を作る弱くて短い母音（弱母音）です。

リスニング・トレーニング

ステップ1　発音エクササイズ　　　　　　　　　　　　　　　Track **220**

　山（●）が4個の文が読まれますので、あとについて発音しましょう。山と谷の感覚を養うトレーニングです。
【下線：内容語　/　網かけ：機能語】

1. I'll go to work by train today.
（今日は電車で出勤します）

2. I saw him hurrying to catch a bus.
（バスをつかまえようと大急ぎの彼を見た）

3. Meg was pleased to see them in Rome.
（メグはローマで彼らに会えて嬉しかった）

4. She wants to know who broke the window.
（彼女は誰が窓を割ったか知りたがっている）

5. It's an hour's flight to Chicago from here.
（ここからシカゴまでは1時間のフライトです）

6. Lots of famous people were at the party.
（たくさんの有名人がパーティーにいた）

7. I didn't mean to hurt your feelings.
（君を傷つけるつもりはなかったんだ）

8. He prefers driving to traveling by train.
（彼は電車の旅よりもドライブのほうが好きだ）

9. Everyone was thinking that Valerie would come.
（誰もがヴァレリーは来ると思っていた）

10. She bumped her head on the cupboard door.
（彼女は食器棚の扉に頭をぶつけた）

音声を聞き、文を（　　　　　　）に書きましょう。なお、英文は何回聞いても構いません。

1. (　　　　　　　　　　　　　　　　　　　　　　　　　)
2. (　　　　　　　　　　　　　　　　　　　　　　　　　)
3. (　　　　　　　　　　　　　　　　　　　　　　　　　)
4. (　　　　　　　　　　　　　　　　　　　　　　　　　)
5. (　　　　　　　　　　　　　　　　　　　　　　　　　)
6. (　　　　　　　　　　　　　　　　　　　　　　　　　)
7. (　　　　　　　　　　　　　　　　　　　　　　　　　)
8. (　　　　　　　　　　　　　　　　　　　　　　　　　)
9. (　　　　　　　　　　　　　　　　　　　　　　　　　)
10. (　　　　　　　　　　　　　　　　　　　　　　　　)

答え

1. John suggests that I buy a car. （ジョンは私に車を買うべきだと提案している）

2. She spent the evening at home reading. （彼女は家で読書をしながら夜を過ごした）

3. The guests were supposed to come at seven. （客は7時に来ることになっていた）

4. My parents are preparing to go on a vacation. （私の両親は旅行の準備をしている）

5. I heard that you got a driver's license. （運転免許を取ったって聞いたよ）

6. Kevin has decided to change jobs. （ケヴィンは転職することを決めた）

7. Her new boyfriend is an absolute dream. （彼女の新しい彼氏はまさに理想の男性だ）

8. I remember locking the door clearly. （ドアに鍵をかけたのをはっきりと覚えている）

9. He passed the exams with flying colors.　　　（彼は見事に試験に合格した）

10. I'm proofreading the documents written in Spanish.

（スペイン語で書かれた書類の校正をしている）

ステップ3　フォニックス・ストーリー　　 Track **222**

　仕上げとして、英語のリズムを音読で養います。まずは英文を聞いてしっかりと耳を慣らし、次に声に出して読んでみましょう。※太字の単語は内容語です。

I'm **Italian**, from **Naples**, and my **husband** is **Japanese**. We've been **living** in **Kyoto** for **nearly two years**. To be **honest**, I was **so surprised** to **see Japanese people making noises** while **eating noodles**. I **wish** I could **do just like** them but I **don't think** I could!

私はナポリ出身のイタリア人で、夫は日本人です。私たちは2年近く京都に住んでいます。正直に言うと、日本人が麺を食べるときに音を立てるのを見てとても驚きました。私も同じようにできたらとは思うのですが、おそらくは無理でしょう！

強いアクセントが5個の文

● × 5

【山が5回出現する】

The kitchen clock said eleven o'clock. のように、内容語（下線部分）が5個連続するような文の場合、聞き取りは比較的ラクと言えますが、たいていは内容語と内容語の間に機能語がいくつもはさまれてしまいます。そうなると、機能語は弱く谷に落ちてしまうのみならず、脱落や連結といった音声変化の二重、時に三重縛りが起きるため、音の原形をとどめなくなってしまうこともしばしばです。

山が5回現れます。ここまで来ると内容語の数がかなり多いため、ワーキングメモリーもフル回転です。谷の聞き取りもさることながら、より細かい情報を理解するために、内容語の意味を瞬時に紡いで理解するという技術が求められます。

リスニング・トレーニング

ステップ 1 発音エクササイズ　　　　　　　　　　Track **223**

山（●）が5個の文が読まれますので、あとについて発音しましょう。山と谷の感覚を養うトレーニングです。
【下線：内容語　/　網かけ：機能語】

1. Janet thinks Brian is a terrible driver.
   （ジャネットはブライアンの運転がひどいと思っている）

2. I suppose you want me to cook dinner tonight.
   （今晩、僕に料理を作ってもらいたいと思っているでしょう）

3. Chris said he saw her at the gym on Sunday.
   （クリスは彼女をジムで見たと言った）

4. It's been three months since we last met in Madrid.
   （私たちがマドリードで最後に会って以来、3カ月が経っている）

5. Adam is eighty and lives alone in a suburb.
   （アダムは80歳、郊外で1人暮らしをしている）

6. Mike injured his shoulder while playing rugby.
   （彼はラグビーの試合中に肩を痛めた）

7. The manager paused for a moment and went on talking.
   （マネージャーは一瞬間を置いてから、話し始めた）

8. The kitchen clock said eleven o'clock.
   （キッチンの時計は11時を指していた）

9. She started a job at the supermarket to help for college.
   （彼女は大学の学費のためにスーパーでの仕事を始めた）

10. He's striving to make the cut for the national team.
    （彼は国の代表チーム入りを目指し奮闘している）

　音声を聞き、文を（　　　　　　　）に書きましょう。なお、英文は何回聞いても構いません。

1. (　　　　　　　　　　　　　　　　　　　　　　　　　　　　)
2. (　　　　　　　　　　　　　　　　　　　　　　　　　　　　)
3. (　　　　　　　　　　　　　　　　　　　　　　　　　　　　)
4. (　　　　　　　　　　　　　　　　　　　　　　　　　　　　)
5. (　　　　　　　　　　　　　　　　　　　　　　　　　　　　)
6. (　　　　　　　　　　　　　　　　　　　　　　　　　　　　)
7. (　　　　　　　　　　　　　　　　　　　　　　　　　　　　)
8. (　　　　　　　　　　　　　　　　　　　　　　　　　　　　)
9. (　　　　　　　　　　　　　　　　　　　　　　　　　　　　)
10. (　　　　　　　　　　　　　　　　　　　　　　　　　　　　)

答え

1. Ted is coming to my apartment with his girlfriend, I guess.
   （テッドは彼女と僕のアパートに来ると思うよ）

2. We went to different schools but we've stayed in touch.
   （私たちは違う学校へ進んだけど、今も連絡を取り合っている）

3. The author writes popular science fiction.
   （その作家は大衆向け SF 小説を書いている）

4. I don't understand why he said such a thing to Emily.
   （彼がなぜエミリーにそんなことを言ったのか理解できない）

5. My husband needs to take exercise regularly.
   （私の夫は規則的に運動をする必要がある）

6. The first question was so difficult that I couldn't answer it.
（1問目はとても難しかったので答えることができなかった）

7. The batteries in the radio need changing by tomorrow.
（明日までにラジオの電池を交換する必要があります）

8. Call the client's office and make an appointment.
（顧客のオフィスに電話をしてアポを取って）

9. He quickly hid the photo when he heard her coming.
（彼は彼女の足音を聞いたとき、とっさに写真を隠した）

10. She was dressed to kill in a tight red dress.
（彼女はタイトな赤いドレスできめていた）

ステップ3 フォニックス・ストーリー Track **225**

　仕上げとして、英語のリズムを音読で養います。まずは英文を聞いてしっかりと耳を慣らし、次に声に出して読んでみましょう。※太字の単語は内容語です。

I **usually drink** some **alcohol** during the **flight**. **So**, I **dared** to **ask** a **flight attendant** if I could **have** a **glass** of **sparkling wine** with some **Swiss cheese**. "Of **course, sir**," she said. "We'd be **delighted** to **serve** you **next time** you **fly** with us in a **business-class seat**."

僕はフライト中、たいていはアルコールを飲む。そこで、思い切って客室乗務員にスパークリングワイン1杯とスイスチーズをもらえるかどうか聞いてみた。「もちろんです、お客様」と彼女は言った。「次回ビジネスクラスにてご搭乗の際には、喜んでお出しいたします」。

強いアクセントが6個の文

● × 6

【山が6回出現する】

　山が5個と6個の顕著な違いは情報量です。もちろん、内容語が5個だけでも十分に情報を伝えることはできますが、たった1つの内容語がリスニングのレベルをとてつもなく高いレベルまで引き上げてしまうことがあります。リスニングは耳の訓練です。しかしながら、例えば if 節を伴う if I told him her secret のような文を理解するには文法の助けが必要となりますので、さまざまな角度から英語学習のアプローチをかけていきましょう。

> 　山が6回現れる長文になると、●の連続が頻繁に起こります。また、1文がかなり長いため、リスニングにおいてリテンション（情報の保持、記憶力）が問われます。音の精査を行いつつ、音声から文全体の意味を正確に理解できるよう訓練を行いましょう。

リスニング・トレーニング

ステップ1　発音エクササイズ　　　● Track **226**

　山（●）が6個の文が読まれますので、あとについて発音しましょう。山と谷の感覚を養うトレーニングです。
　【下線：内容語　/　網かけ：機能語】

1. Standard members can use our gym for ten dollars.
（スダンダード会員の方は 10 ドルでジムをご利用いただけます）

2. I purchased a new Mercedes and went on a drive on the weekend.
（新車のメルセデスを購入し、週末にドライブをした）

3. Somehow she had an unhappy expression on her face while we were talking.
（私たちが話している間、なぜだか彼女は不満げな表情を見せた）

4. I wasn't sure how Ben would respond if I told him her secret.
（もし彼女の秘密をボブに伝えたなら、彼がどういう反応をするのかわからなかった）

5. He's fourteen and his brother is studying Mandarin in the south of Taiwan.
（彼は 14 歳で、兄は台湾の南部で中国語の勉強をしている）

6. My mother tried to download her favorite song to her smartphone.
（私の母はスマートフォンにお気に入りの曲をダウンロードしようとした）

7. I admire Amy for what she's achieved and I truly wish I could be as successful

as her.
（私はエイミーが成し遂げたことを評価しており、自分も彼女と同じように成功
できたらと心から願っている）

8. I'm terribly sorry I kept you from your work but it was an urgent matter.
（仕事の邪魔をしたことを申し訳なく思うけど、急な案件だったんです）

9. My wife's motto is "Choose some food that is low in fat."
（私の妻のモットーは「脂肪分の少ない食品を選ぶ」だ）

10. Jane was older than her husband, but that wasn't a problem at all.
（ジェーンは彼女の夫よりも年上だったが、そんなことは何ら問題もなかった）

音声を聞き、文を（　　　　　）に書きましょう。なお、英文は何回聞いても構いません。

1. (　　　　　　　　　　　　　　　　　　　　　　)
2. (　　　　　　　　　　　　　　　　　　　　　　)
3. (　　　　　　　　　　　　　　　　　　　　　　)
4. (　　　　　　　　　　　　　　　　　　　　　　)
5. (　　　　　　　　　　　　　　　　　　　　　　)
6. (　　　　　　　　　　　　　　　　　　　　　　)
7. (　　　　　　　　　　　　　　　　　　　　　　)
8. (　　　　　　　　　　　　　　　　　　　　　　)
9. (　　　　　　　　　　　　　　　　　　　　　　)
10. (　　　　　　　　　　　　　　　　　　　　　　)

答え

1. I heard that the professor finally approved your graduation thesis.
（教授がついに君の卒業論文を承認したと聞いたよ）

2. Wherever I go with Joseph is none of your business, actually.
（私がジョセフとどこに行こうとあなたには関係のないことでしょ、本当に）

3. Will you come to our office to have an interview with the manager on the fifteenth?
（部長との面接を行うために、15日に弊社へお越しいただけますか）

4. Eddy wanted to apologize to her but she was out when he got to her apartment.
（エディは彼女に謝りたかったが、アパートに着いたとき、彼女は外出していた）

5. Getting a visa was a nightmare and I'll never do it again.
（ビザの取得はまさに悪夢、二度とやりたくない）

6. Rick's handwriting was awful, so it took me hours to decode it.
（リックの手書きがひどかったので、解読するのに何時間もかかった）

7. I suppose their child might need some help putting on his clothes.
（彼らの子どもは、服を着るのに手を借りる必要があると思う）

8. One of my favorite pastimes is knitting with some of my friends on a sunny day.
（お気に入りの余暇の過ごし方は、晴れた日に友人と編み物をすることです）

9. My daughter, Becky was crying as she'd had a bad dream.
（娘のベッキーは、まるでひどい夢でも見たかのような泣き方をしていた）

10. It'd be helpful if you could feed our cat while we're on vacation for a week in Miami.
（私たちがマイアミへ 1 週間旅行をしているあいだ、ネコに餌をあげてくれたらとても助かります）

ステップ3 フォニックス・ストーリー

 Track **228**

　仕上げとして、英語のリズムを音読で養います。まずは英文を聞いてしっかりと耳を慣らし、次に声に出して読んでみましょう。※太字の単語は内容語です。

My **son** has been **burning** the **midnight oil** for the **chemistry exam**. I **went** into his **room** with some **snacks** and **saw** him **reading comics**! I **shouted**, "**Tomorrow** is a **big day** for **you**, Ted!" He **gave** a **little giggle** and **responded** to me, "I **took** the **exam** a **week ago** and it was a **piece** of **cake**. I should **deserve** some **free time**, **Mom!**"

　私の息子は化学の試験に向けて夜遅くまで勉強をしています。私は夜食を持って彼の部屋に行ったのですが、マンガを読んでいるではありませんか！「明日はあなたにとって大切な 1 日でしょ、テッド！」と私は叫んだのですが、彼はクスクスッと笑って、こう答えました。「試験は 1 週間前に受けたよ。すごく簡単だった。少しぐらい自由時間があってもばちは当たらないよね、お母さん！」

　マシンガンのようにスピードのついた英語を聞き取るには、谷の音をキャッチしなくてはならないのです。では、ただ単に英語を聞き流してさえいれば、自然と強勢リズムが身につき、英語は聞き取れるようになるのでしょうか。私の意見では、答えは NO です。もちろん、アメリカやイギリスなどの英語圏に住んでいれば、英語に接する機会も増えるでしょうから自然と耳も慣れてくるでしょう。しかしながら日本に住んでいると、どうしても英語との接触時間が不足してしまいがちです。では、足りない部分をどうやって補えばいいかというと「精聴」と「音読」です。英語の音を徹底的に聞き込み、真似をして声に出す、この基礎練習をひたすら繰り返すのです。基礎練習というと単調で面白みに欠けるものと思うかもしれませんが、どんなに優秀なプロ野球の選手であっても日々の素振り練習は欠かしません。実際、日本にいながら英語がペラペラになった人を何人も知っていますが、彼らはコツコツと時間を積み上げ、足りない部分を自律的に埋めていくことに成功した努力の達人です。日本に住んでいてもバイリンガルになれます。共に歩み、共に進みましょう！

総まとめ
ディクテーション

Mission

> 学びの集大成、ここにあり。
> 何度も聞いて、英語の音を自分のもとに引き寄せよう！

　総仕上げとして、英会話のディクテーション（書き取り）を行います。英文はフォニックスを中心軸に、音法（母音と子音、音声の変化、山と谷を作るリズム）が複合的に絡み合い、1つの流れを作ります。私たちはサーフィンをするように、音のうねりに乗りながら聞き取りを行っていきますが、改めて力説したいのは、音法の理解は必ずや皆さんのリスニング・スキルをより完璧なものにしてくれるということです。Chapter 1 から振り返ってみると、最初は単音の学習でしたが、今は会話という大きな舞台にまで到達しています。継続は力なり。これまで学んできたことを活かしつつ、ぜひともディクテーションに果敢にチャレンジしてください。

　さて、総まとめでは、さまざまなシーンでのダイアログ（20個）を取り上げていますが、仮に聞き取れない箇所があったとしても気にしないことです。何度も音源を聞き、何度も書き取り、そして聞き取れなかった理由を丁寧に探って、最終的にわかるようになればよいのです。そうすることで新たな"つぶし"がまた1つ完了します。なお、ノートを併用する場合は、書き取った英文を日付と共にそのまま残しておきましょう。時系列に見ていくことで、前に聞き取れなかった箇所の振り返りが可能になります。

① ヒントとなる単語を参考に、音声の英文を書き取ります。英文は何度聞いても構いません。
② 答えを確認し、聞き取れなかった箇所を把握します。
③ すべてが書き取れるようになるまで、①と②を繰り返します。

④ 学びを定着させるために、音源のあとについて、音読を3回～5回行いましょう。なお、音読は"なりきり"が肝心です。
⑤ すべて書けて、すべて聞き取れて、すべて言えるようになればミッションは達成です。

なお、音声変化はルール毎に色分けをしています。

脱落
連結
同化
短縮
山：**太字フォント**（内容語として、話者が強めに読んでいる箇所）
谷：通常フォント（機能語として、話者が弱めに読んでいる箇所）

英語のリズムは「山」（強い箇所）と「谷」（弱い箇所）の繰り返しですので、音の強弱に注意しながら書き取りを行いましょう。

では、早速始めましょう。

(1) 近況について

単語のヒント

- news（お知らせ、ニュース）
- conversation course（会話コース）
- surprise（驚かす）

A: _____

B: _____

A: _____

B: _____

答え

A: **How's** it **going**, **Joe**?

B: So **far** so **good**. **How** about you? Any **news**?

A: **Well**, I've **decided** to go to **Tokyo** and **take** a **three-month Japanese conversation course**.

B: That's **great**. **Surprise** me with your **perfect Japanese skills next time** we **go** to a **sushi restaurant together**.

A: ジョー、元気？

B: 今のところいい感じだよ。君は？　何かあった？

A: 実は東京へ行って、3カ月間の日本語会話コースを受けることにしたの。

B: すごいね。次に一緒にお寿司屋さんへ行ったとき、君の完璧な日本語力で僕を驚かせて。

(2) 語学留学

単語のヒント

- funny（面白い）
- come over（[話し手のほうに] やってくる）
- Nice（ニース）

A: _____

B: _____

A: _____

B: _____

答え

A: **How's** your **French class**?

B: I just **love** it. Our **teacher knows** how to **teach** and she's so **funny**. We all **love** her.

A: You're **so lucky** to be one of her **students**.

B: I **think** I **am**. By the **way**, **when** are you **coming** over **here** to **see** me in **Nice**?

A: フランス語の授業はどう？

B: 楽しんでるわ。教え方をよく知っている先生で、とっても面白い人なの。みんな彼女のことが大好きよ。

A: 彼女の生徒でいられてラッキーだね。

B: 私もそう思う。ところで、私に会いにいつニースへ来てくれるの？

(3) 帰国

単語のヒント

- miss（[人・物がいなくて] 寂しく思う）
- absence（不在）
- grow fonder（〜をもっと好きになる）

A: _____

B: _____

A: _____

B: _____

答え

A: **Welcome back** to Portland, **Mary**.

B: I'm **so glad** that I'm **finally back here** but **actually** I've **already started missing life** in Osaka.

A: You can **go back anytime** you **want**. But I **tell** you **what**. You should **know how much** I **missed** you while you were **away**.

B: **Absence makes** the **heart grow fonder**, **doesn't** it? To be **honest**, I was **thinking** about **you** all the **time**.

A: ポートランドへ戻ってきたね。お帰り、メアリー。

B: ようやく帰ってこられたのは嬉しいけど、その反面、大阪での暮らしが恋しくなり始めてるの。

A: 行こうと思えばいつでも行けるじゃないか。でも、君がいない間、僕がどれだけ寂しかったかを知っておいてほしいな。

B: 距離は2人の愛をはぐくむと言うものね。実を言うと、私、あなたのことをずっと考えていたのよ。

※ Absence makes the heart grow fonder. はことわざで、直訳すると、不在が（お互いの）心をより好きにさせるから「会えない時間が2人の距離を縮める」という意味になります。

(4) 赴任先で

単語のヒント

- in total（合計で、全部で）
- Munich（ミュンヘン）※発音注意「ミューニック」
- Zurich（チューリッヒ）※発音注意「ズーゥリック」
- headquarters（本社）

A: _____

B: _____

A: _____

B: _____

答え

A: **How long** did you **live** in **Germany**?

B: **Four years** in **total**. We **spent** the **first three years** in **Munich**.

A: I **remember Jane said** that she **gave birth** to your **son** in **Hamburg**, **right**?

B: **Yes**, that's **right**. We **spent** a **year** there, then we **moved** to **Zurich** where the **headquarters** are **located**.

A: ドイツにはどれくらい住んでいたの？

B: 合計で4年だよ。最初の3年間はミュンヘンで過ごしたんだ。

A: 確か息子さんはハンブルグで生まれたってジェーンが言っていたわ。

B: ああ、その通り。1年間そこで過ごして、本社のあるチューリッヒに引っ越したんだ。

(5) ビールの話

単語のヒント

・local（地元の）
・depend on ...（〜次第で、〜によって）

A : _____

B : _____

A : _____

B : _____

答え

A : **What** did you **like most** about **Germany**?

B : A **lot** of **things**. It's **hard** to **choose one** but if I may **say**, I **really love** the **local beer**.

A : **Everyone says German beer** is the **best** in the **world**.

B : It **depends** on **what type** of **beer** you **like**, you know. **Some** might **like British** or **Belgium beer**.

A : ドイツで一番気に入ったことって何？

B : たくさんあるよ。1つだけ選ぶのは難しいけど、あえて言えば、地元のビールかな。

A : ドイツビールは世界一だってみんな言うものね。

B : どのタイプのビールが好きかにもよると思うよ。英国のビールや、ベルギーのビールがいいっていう人もいるしね。

(6) 上司と食事

単語のヒント

・transfer（転勤する）
・promotion（昇進、昇格）
・graduate from ...（〜を卒業する）

A: _____

B: _____

A: _____

B: _____

答え

A: **When** do you **think** you'll be **transferred next time**?
B: I'm **not really sure** but I'm **supposed** to **have lunch** with my **boss** on **Friday**.
A: He might **tell** you about some **updates** on your **promotion**.
B: **Could be**. But I'd **rather work here** for **another couple** of **years** until my **daughter graduates** from **elementary school**.

A: 次はいつ転勤になると思う？
B: まだはっきりわからないけれど、金曜日に上司と食事をするんだ。
A: そのときに昇進の最新情報を教えてくれるかもしれないわね。
B: そうかもしれない。でも、娘が小学校を卒業するまでのあと数年間は、できればここで働きたいと思っているんだ。

(7) スーツ

単語のヒント

- tailor（［服を］仕立てる）
- dry cleaner's（ドライクリーニング店）
- luncheon（［正式な］昼食会）

A: _____

B: _____

A: _____

B: _____

答え

A: **Beth**, do you **know** where my **suit is**? I mean my **favorite blue one** I'd **tailored last month**.

B: **Ah**, **that** one. I **dropped** it off at **the dry cleaner's** since there was a **stain** on the **sleeve**.

A: **Oh**, **no**. I'm **having** a **luncheon** with our **general manager** and I **need it by Thursday**.

B: I **took** it **last week** so it'll be **ready** by **then**. I'll **call** the **cleaner's** to **make sure** when we can **get** it.

A: ベス、新しいスーツどこにあるか知っている？ 先月仕立ててもらった、僕のお気に入りの紺のスーツ。

B: ああ、あれね。袖口にシミがあったから、クリーニング店に持って行ったわ。

A: 困ったな。GM と食事会があるので、木曜日までに必要なんだ。

B: 出したのは先週だから、もうでき上がっているかも。クリーニング店に電話して、いつ仕上がるかチェックしておくわ。

(8) フライト時間

単語のヒント

- exactly（正確に）
- duty-free（免税の）
- souvenir（お土産）

A: _____

B: _____

A: _____

B: _____

答え

A: **Rick**, just let me **check**. **What time exactly** is our **flight**?

B: **10:15. Why**?

A: Can I **go** and **get** some **extra souvenirs** at the **duty-free shop** over **there**?

B: **Sure**, but we **don't have** much **time**, so you should **hurry up**.

A: リック、確認させて。フライトは正確には何時？

B: 10 時 15 分だよ。どうして？

A: あそこの免税店でお土産を買い足しに行ってきてもいい？

B: もちろん。でも、あんまり時間がないから急いで。

(9) ゲート変更

単語のヒント

・notice（気づく）
・hectic（慌ただしい）

A : _____

B : _____

A : _____

B : _____

答え

A : **Oops**, I **didn't notice** that our **gate** has **changed** to **Twenty** (= 20).

B : **Gate Twenty**? It was **Five** (= 5), **wasn't** it?

A : You're **right**. **Gate Twenty**… oh, **God**. It's the **far end**. We have to **run**!

B : **Run**? It **seems** like our **vacation's*** **already** been **pretty hectic**!

* vacation's = vacation has

A : おっと、ゲートが 20 番に変更になっているのに気づかなかった。

B : 20 番ゲート？ 5 番じゃなかったっけ？

A : そうだよね。ゲート 20 番か…なんてこった。一番端じゃないか。走らないと！

B : 走る？ 私たちの休暇はすでに大忙しね！

(10) 着陸態勢

単語のヒント

- due to ...（〜が原因で）
- announcement（アナウンス、お知らせ）

A: _____

B: _____

A: _____

B: _____

答え

A: **Due** to the **bad weather** in **Rome**, we **can't land**.

B: **Really**? I was still **half asleep** and **didn't listen** to the **announcement**. Is **that** what the **pilot said**?

A: Yeah. I guess our **plane'll*** **have to circle** over the **airport**.

B: **Well**, the **good news is** I can **get** some more **sleep**, and you can **enjoy another cup** of **coffee**!

* plane'll = plane will

A: ローマの悪天候が原因で、着陸ができないそうだよ。

B: 本当なの？ 半分寝ぼけていて、アナウンスをちゃんと聞いていなかったわ。それってパイロットが言ったの？

A: ああ。この飛行機、空港の上空を旋回しなきゃならないみたいだ。

B: まあ、いい知らせとしては、私はもうちょっと寝ていられるし、あなたはもう1杯コーヒーが飲めるってことかしら！

(11) 新入社員

単語のヒント

- join（入る、参加する）
- enormously（非常に）
- relieve（安心させる）

A: _____

B: _____

A: _____

B: _____

答え

A: Did you **hear** that our **company employed** a **new staff member** as of **today**?

B: **Yeah, James told** me about her. Do you **know which team** she'll be **joining**?

A: **Karen's**. The **team's*** been **enormously busy, especially** for the **last six months**.

B: **Right**. I'm **relieved** to **hear** that they're **finally getting** some **extra help**.

* team's = team has

A: うちの会社、今日付けで新入社員を採用したって聞いた？

B: ああ、ジェームスが彼女について教えてくれたよ。どのチームの配属になるか知ってる？

A: カレンのところよ。この半年間というもの、あそこのチームはものすごく忙しいわよね。

B: そうだな。やっと手が借りられると聞いてほっとしたよ。

(12) 地図アプリの使い方

単語のヒント

・locate（位置を突き止める）
・enlarge（拡大する）

A: _____

B: _____

A: _____

B: _____

答え

A: **Excuse** me. I'm **looking** for this **restaurant**. **Actually**, I **can't find** it on my **map**.

B: **Let** me **check** with **mine**. **Right**, you're **here**. The **place** you **want** to **go** is in the **corner** of **ABC Street** and **XYZ Road**.

A: **Thanks**. **Well**, I'm **not really sure** why mine **can't locate** the **restaurant**.

B: You can **enlarge** the **map** with your **fingers** just **like this**. Then, you **see**?

A: すみません。このレストランを探しているんですが。実は、地図に出てこなくて。

B: 僕のマップで確認してみましょう。ええと、今ここにいて、行きたい場所は ABC Street と XYZ Road の角のところにありますね。

A: ありがとう。でも、どうして私のはレストランの場所をちゃんと示してくれないのかしら。

B: こんな感じで指を使って地図を拡大できますよ。ね、わかります？

(13) レストランでの注文

単語のヒント

- ma'am（ご婦人、お嬢様）※女性に対する敬意のこもった呼びかけ
- appreciate（〜をありがたいと思う）
- specialty（名物料理）

A: ＿＿＿＿＿＿＿＿＿＿＿＿＿＿＿＿＿＿＿＿＿＿＿＿＿＿＿＿＿

B: ＿＿＿＿＿＿＿＿＿＿＿＿＿＿＿＿＿＿＿＿＿＿＿＿＿＿＿＿＿

A: ＿＿＿＿＿＿＿＿＿＿＿＿＿＿＿＿＿＿＿＿＿＿＿＿＿＿＿＿＿

B: ＿＿＿＿＿＿＿＿＿＿＿＿＿＿＿＿＿＿＿＿＿＿＿＿＿＿＿＿＿

答え

A: Are you **ready** to **order**, **ma'am**?

B: I'm still **deciding**. I'd **appreciate** it if you could **recommend** some of the dishes.

A: Of **course**. You **have** a **variety** of **choices** and one of our **specialties** is **prime rib**.

B: **That** would be **nice**. **OK**, I'll **have** it, **then**.

A：ご注文はお決まりですか？

B：まだ考えています。お料理をお勧めしてくれるとありがたいのですが。

A：もちろんです。いろいろなチョイスがありますが、当店の名物料理はプライム・リブです。

B：いいですね。OK、ではそれをいただきます。

(14) 結婚記念日

単語のヒント

- gorgeous（すばらしい）
- serve（[レストランで] 給仕する）
- anniversary（記念日）

A: _____

B: _____

A: _____

B: _____

答え

A: That was such a gorgeous dinner, especially the dish you recommended was fantastic.

B: I'm glad you say so. I was delighted to serve you tonight.

A: We're here on our wedding anniversary and will be staying here for a couple more nights.

B: That's wonderful. There're many places to visit in this village and I hope you'll enjoy the rest of your stay.

A: すばらしいディナーでした。特にあなたがお勧めしてくれたお料理は最高でした。

B: そう言っていただきありがとうございます。今晩はお料理をサーブできて、とても嬉しく思います。

A: 結婚記念日でこちらに来ているんですが、あともう数日ほど滞在する予定です。

B: それはすばらしい。この村は訪ねるべきところがたくさんありますので、残りのご滞在もどうぞお楽しみください。

(15) 仕事の終わりに

単語のヒント

- recipe（レシピ）
- impress（感動させる）

A: _____

B: _____

A: _____

B: _____

答え

A: **Hey, Nick**. Do you **have time** after **work**? **Jack** and **I** are **going** for a **drink**.

B: I **wish** I **could**, but I **need** to **go straight back** home. **Kim's friends** are **coming** over to our **place** and I'll be **cooking** for them.

A: **Wow, what dinner** are you **making**? Do you **have** any **recipes**?

B: **Kim gave** me one and I'll **do** my **best** to **impress** the **ladies**.

A: ねえ、ニック。仕事のあと時間ある？　ジャックと飲みに行くんだけど。

B: 行きたいところだけど、今日はまっすぐ家に帰るよ。キムの友人が遊びに来る予定で、僕が料理をするんだ。

A: まあ、何の料理を作るの？　何かレシピはあるの？

B: キムがくれたから、女性陣に感動してもらえるよう頑張るよ。

(16) ペットについて

単語のヒント

- breed（［動物が］子を産む）
- adopt（養子にする）
- shame（残念なこと）

A: _____

B: _____

A: _____

B: _____

答え

A: Kate's dog, Lilly, bred three puppies and we're thinking of adopting one.

B: Great. I wish I wasn't allergic to animal hair. I can't keep pets.

A: What a shame. How about a little one like a parrot or a hamster, maybe?

B: Yeah, I'll think about it. By the way, what will you name the dog?

A: ケートの犬リリーが子犬を3匹産んだから、1匹引き取ろうかなと思っているんだ。

B: すばらしいわね。私、動物の毛アレルギーがなかったらよかったな。ペットは飼えないの。

A: それは残念だ。インコやハムスターみたいな小さな動物はどうなの？

B: ええ、ちょっと考えてみようかな。ところで、その犬には何て名前をつけるの？

(17) 読書クラブ

単語のヒント

・set up ...（〜を設立する）
・thought（検討、考慮）【名詞】

A: _____

B: _____

A: _____

B: _____

答え

A: Have you **thought** about **joining** a **book club**?

B: I **like reading** but **not** really. **Why**?

A: **Amy**, a **friend** of **mine set up** a **club** and I **thought** you might be **interested, too**.

B: In **that case**, I'd **like** to **give** it a **thought**. If **there's someone** I **know** in the **club**, it'll be more **fun**.

A: 読書クラブに入ろうって思ったことはある？

B: 本を読むのは好きだけど、特にはないかな。なぜ？

A: 友人のエイミーがクラブを立ち上げたので、君も興味があるかなと思って。

B: それなら、ちょっと考えてみようかな。知っている人がいれば、もっと楽しくなるものね。

(18) 古着の寄付

単語のヒント

- donate（寄付する、寄贈する）
- charity（慈善活動、チャリティー）
- wearable（着用に適した）

A: _____

B: _____

A: _____

B: _____

答え

A: I'm **calling** you to **ask how** to **donate** some **old clothes**. I **saw** the **advertisement** about your **charity campaign** on the **net** and I'd **be happy** to be of **help**.

B: **Thank** you. We **first ask** you to **check** if they're **wearable**, I mean, there **aren't** any **holes**, **frays** on those **clothes**.

A: I've **kept** them in the **closet** since **last summer**. I **guess** they're **OK** but yes, I'll **have** a **check**.

B: That'll be **helpful**. Do you **have** our **mailing address**?

A: 古着の寄付の仕方を知りたくてお電話しています。ネットでチャリティーキャンペーンの広告を見たもので、何かお手伝いができたら嬉しいです。

B: ありがとうございます。最初におたずねしますが、古着はまだちゃんと着られますか、つまり穴やほつれはないかということですが。

A: 去年の夏からずっとクロゼットにしまいっぱなしなので大丈夫だとは思いますが、はい、念のため確認してみますね。

B: そうしていただけると助かります。送付先の住所はお持ちですか？

330

(19) コピー機

単語のヒント

・photocopier（コピー機）
・jam（［紙などが］つかえる、詰まる）【動詞】

A: _____

B: _____

A: _____

B: _____

答え

A: **What's wrong** with this **photocopier**? It **won't start up**.

B: **Again**? I **guess** the **paper** is **jammed** and all we have to **do is remove** it and **press** the **reset button**.

A: **OK**, I **got** it. **Somebody** must've **messed** it **up**.

B: We could **find who did this**, but in my **opinion**, it's just a **waste** of **time**. We should **get started now**.

A: このコピー機、どうしちゃったの？　作動しないんだけど。

B: また？　おそらくは紙詰まりだと思うので、抜き取ってリセットボタンを押せば大丈夫。

A: OK、わかった。誰かがやったままにしちゃったんだね。

B: 誰なのかを突き止めるのはできると思うけど、私としては、そんなの時間の無駄だと思う。まずは始めましょう。

（20）最高の伴侶

単語のヒント

・balance（バランスを取る）
・chore（日常の雑事）
・awesome（すごい、最高の）※スラング表現

A: _____

B: _____

A: _____

B: _____

答え

A: **How** do you **try** to **balance work** with **family life**? I **think** you're **too busy** to **find** any **free time**.

B: **Allen** is **quite supportive**. He **picks up** our **children** and we **share** the **household chores**.

A: That's **awesome**. Some **husbands never lift** their **fingers even just** to **put away** the **dishes**, you know?

B: **Exactly**. I should **thank** him for **everything** he **does** for **me** and our **kids**.

A：仕事と家庭のバランスをどうやって取っているの？　忙しすぎて自分の時間がないんじゃないかな。

B：アランはとても協力的なの。子どものお迎えもしてくれるし、家事も分担してくれるわ。

A：それはすごいな。お皿さえも片づけようとしない夫もいるのにね。

B：おっしゃる通り。彼が私と子どものためにしてくれるすべてのことに対して、心から感謝すべきね。

コラム　楽しく努力、英語と仲良く！

　皆さん、ここまでお読みくださりありがとうございます。全章を通して"リスニングは技術がすべて"というのがおわかりいただけたと思いますが、ぜひともこの本をリスニングのバイブルとして常にお手元に置いていただき、必要に応じてご参照くださいませ。

　さて、本書を締めくくるにあたり、皆さんに伺いたいことがあります。バイリンガルは生まれたときからバイリンガルだと思いますか。経験的に見ても、人というのはさまざまな学習過程を通して、少しずつバイリンガルになっていくものだと感じています。アメリカやイギリスなどの英語圏で生まれ育つという外的要因が大きな影響を与えることはあるでしょうが、それでもなお複数の言語を操るためには、継続的な努力が欠かせません。なお、努力というと頑張らなきゃいけないと勘違いしてしまう人もいるようですが、語学の習得には歯を食いしばる必要も自分を追い詰める必要もありません。「好きこそものの上手なれ」ということわざがあるように、私たちは好きであれば誰に言われなくとも熱心に努力をするはずですし、それにより語学力は着実に上達していくものです。つまり、外国語が聞き取れるようになったり話せるようになったりするには、まずはその言語と友だちになること（好きになること）が大前提なのです。これは友人とのお付き合いとよく似ており、自分から歩み寄っていくことにより、相手もきちんとそれに応えてくれます。リスニングもまさに同じく、聞くことで（つまり、歩み寄ることで）聞けるようになってきます。そして、親和性が深まっていくと、あるときを境に突然「聞き取れた！」という感覚が降臨し、それまでは雑音でしかなかった音が意味を持った音として耳に飛び込んでくるようになります。人間の耳、脳の仕組みというのは本当に奥が深いと言わざるを得ません。

　皆さんの口からこの「聞き取れた！」が聞けたなら、著者としてこれ以上の喜びはありませんし、その一言が聞きたいためにこの本を書き上げたと言っても過言ではありません。ぜひとも、これからも英語と仲良く素敵な時間を共有してくださいね。

INDEX

あ

明るいL 11, 34, 57, 148, 177
アルファベット読み 18, 19, 20, 41, 45, 74, 96, 106
息のTH 37, 130
音法 113, 114

か

階段式 282
かたいC 11, 28
かたいG 11, 28
機能語 118, 232, 233, 235, 284, 286
強形 233, 234
暗いL 11, 34, 177
声のTH 37, 130

さ

サイレントE 19, 41, 73, 74
GA (General American) 68
弱形 115, 118, 232, 235
弱母音 281
準ルール 90

た

脱落 115, 116, 121, 312
短縮 115, 118, 211, 252, 261, 312
同化 115, 117, 185, 312

な

内容語 233, 234, 284, 286
長いOO 50

は

破擦音 14, 136, 169

破裂音 13, 123, 130, 136, 142, 148, 156

鼻音 15, 142, 173

フォニックス 3, 18, 19

フォニックス・ナビ 125

フォニックス読み 18, 19, 20, 21, 27, 73, 74, 90, 106

ペアの音 27

ま

摩擦音 14, 130, 162, 187, 191

短いOO 50

ミニマルペア 90

無声音 27, 208

無声子音 87, 88, 89, 96

や

山谷式 282

やわらかいC 11, 28

やわらかいG 11, 29, 136, 169

有音のT 12, 34, 156

有声音 27, 208

有声子音 87, 88, 89, 96

弱い母音 12, 13, 25

ら

例外 90

連結 115, 116, 154, 312

著者略歴

ジュミック今井（Jumique Imai）

東京都渋谷区にて英会話教室を主宰、翻訳業及び語学書の執筆活動を行っている。NPO法人「J-Shine小学校英語指導者」資格者。2013年、中国文化大学（台湾）にて日本語教師養成班を修了、国内外で日本語教師としても活動中。American Council on the Teaching of Foreign Languages（全米外国語教育協会）学会に所属、ACTFL公認OPI英語・日本語テスター。

主な著書に『フォニックス英語音読』『英語でネイティブみたいな会話がしたい！』（以上、クロスメディア・ランゲージ）、『フォニックス〈発音〉トレーニングBOOK』『フォニックス〈発音〉エクササイズBOOK』『フォニックスできれいな英語の発音がおもしろいほど身につく本』『イギリス英語フレーズブック』『やっぱりイギリス英語が好き！』（以上、明日香出版社）、『はじめてのフォニックス①〜⑤』（Jリサーチ出版）、『どうしても聞き取れない　耳をほぐす英語リスニング　ほぐリス！』（DHC）、『えいご大好き！　ママとキッズのはじめてのフォニックス』（すばる舎）、共著に『U.S.A.小学校テキスト発　英語deドリル』（講談社）などがある。

● ジュミック今井のブログ：http://jumiqueimai.blog.fc2.com/
● Twitterアカウント：@jumiqueimai

〔編集協力〕　Tracey Kimmeskamp

フォニックス英語リスニング

2020年7月21日　第1刷発行
2023年8月26日　第5刷発行

著者　　ジュミック今井
発行者　小野田幸子
発行　　株式会社クロスメディア・ランゲージ
　　　　〒151-0051 東京都渋谷区千駄ヶ谷四丁目20番3号
　　　　東栄神宮外苑ビル　https://www.cm-language.co.jp
　　　　■本の内容に関するお問い合わせ先
　　　　TEL (03)6804-2775　FAX (03)5413-3141
発売　　株式会社インプレス
　　　　〒101-0051 東京都千代田区神田神保町一丁目105番地
　　　　■乱丁本・落丁本などのお問い合わせ先
　　　　FAX (03)6837-5023　service@impress.co.jp
　　　　※古書店で購入されたものについてはお取り替えできません。

カバーデザイン	竹内雄二	営業	秋元理志
本文デザイン	都井美穂子、木戸麻実	画像提供	iStock.com/Oinegue
本文イラスト	坂木浩子（ぽるか）	印刷・製本	中央精版印刷株式会社
DTP	株式会社ニッタプリントサービス	ISBN 978-4-295-40439-2 C2082	
編集協力	松永祐里奈、児玉朝来	©Jumique Imai 2020	
ナレーション	Carolyn Miller, Josh Keller	Printed in Japan	
録音・編集	株式会社巧芸創作